LE MONDE DE DEMAIN

DU MÊME AUTEUR

ROMAN

Le Testament Aulick, Robert Laffont, 2016.

ESSAIS, DOCUMENTS, BIOGRAPHIES

Les Sept Vies d'Adrien Conus, Paris, Perrin, 2022.
De Gaulle et Pétain, Paris, Perrin, 2020.
Rudolf Hess. La dernière énigme du IIIe Reich, Paris, Perrin, 2019.
Cinquante Nuances de guerre, Paris, Robert Laffont, 2018 (réédition augmentée, Tempus, 2021).
Les Présidents et la Guerre : 1958-2017, Paris, Perrin, 2017 (réédition augmentée, Tempus, 2018).
Extension du domaine de la guerre, Paris, Robert Laffont, 2016 (prix Louis-Marin ; prix « Grand Témoin » de la France mutualiste ; réédition augmentée, Tempus, 2017).
Von Manstein, le stratège du IIIe Reich, Paris, « Maîtres de guerre », Perrin, 2012 (prix national du Document littéraire).
Le Complexe de l'autruche. Pour en finir avec les défaites françaises. 1870, 1914, 1940, Paris, Perrin, 2011.

(Suite en fin d'ouvrage)

PIERRE SERVENT

LE MONDE DE DEMAIN

Robert Laffont

ISBN 978-2-221-26587-1
Dépôt légal : novembre 2022
Éditions Robert Laffont – 92, avenue de France, 75013 Paris

Ce livre est dédié à la mémoire de la journaliste-
écrivaine russe Anna Politkovskaïa, exécutée
par balles à Moscou, le 7 octobre 2006.
Ses assassins n'ont jamais été arrêtés.
Elle n'avait de cesse de tenter d'éveiller
les consciences russe et internationale
sur le caractère intrinsèquement
criminel du pouvoir poutinien.
Nous ne l'avons pas écoutée.
Nous n'avons pas voulu l'entendre.

« Le vieux monde se meurt, le nouveau tarde à apparaître, et dans ce clair-obscur surgissent les monstres. »

Antonio Gramsci, intellectuel italien marxiste,
évoquant dans les années 1930
la montée des totalitarismes en Europe.

« Cela reste une loi immense de l'Histoire qu'elle interdit précisément aux contemporains de discerner dès le début les grands mouvements qui déterminent leur époque. »

Stefan Zweig
Le Monde d'hier

« Quand on y pense, la première moitié du XXe siècle n'aura au fond été rien d'autre que cela : un affrontement titanesque entre artistes. Staline, Hitler, Churchill. Puis sont arrivés les bureaucrates, car le monde avait besoin de se reposer. Mais aujourd'hui les artistes sont de retour. Regardez autour de vous. De quelque côté que vous vous tourniez, il n'y a que des artistes d'avant-garde qui prétendent non pas décrire la réalité mais la créer. Il n'y a que le style qui change. »

Giuliano da Empoli,
Le Mage du Kremlin

Préambule

C'était le 3 février 2022, trois semaines avant le déclenchement de la guerre en Ukraine. Autant dire une éternité… Comme tous les premiers mercredis du mois, les sirènes ont retenti dans la ville française où je déambulais avec ma petite-fille aînée, Anaïs. Du haut de ses dix ans, la curiosité perpétuellement en éveil, elle m'a demandé ce que signifiaient ces sonneries stridentes. Je le lui ai expliqué de la façon la plus neutre possible : alerte théorique, simple vérification technique, mémoire de guerre, menace aérienne, abris pour se protéger des bombes. De l'histoire ancienne ? Convaincu, depuis la fin de l'année 2021, de la volonté inébranlable du président de la Fédération, Vladimir Poutine, de faire parler les armes en Ukraine, j'ai pensé à cet instant précis que mon explication historique avait toutes les chances de devenir bientôt, à seulement mille cinq cents kilomètres de là, d'une tragique actualité.

Je songeais aux petites filles ukrainiennes à qui leurs grands-pères donneraient alors non pas une explication historique mais un ordre urgent de survie : « Cours ! Sauve-toi ! Va dans l'abri ! »

Au bout de sept mois de guerre, plus de neuf cents enfants ukrainiens ont été tués ou blessés (souvent mutilés) par les frappes aveugles ou volontaires russes. Combien de milliers d'enfants resteront traumatisés à vie par ce qu'ils auront vu tout au long de ce conflit meurtrier ?

Dans les premiers jours de la guerre, alors que je m'apprêtais à entrer sur le plateau de TF1 pour commenter ce qui se passait à Kharkiv, récemment bombardée, un reportage de nos correspondants de guerre montrait une mère éplorée dans l'appartement familial détruit quelques heures plus tôt. Comme tant d'autres, son immeuble, sans le moindre intérêt militaire, avait été en partie pulvérisé par les frappes russes. Avant de s'exiler, cette mère de famille tentait de récupérer quelques affaires dans son logement dévasté. Encore sous le choc, en larmes, elle expliquait que ses deux petites filles avaient refusé de revenir avec elle pour choisir dans les décombres de leur chambre ce qu'elles auraient aimé sauver. Elle balayait des yeux les restes brisés d'une vie hier paisible sans savoir que prendre, tenant toutefois sous le bras un bien précieux, dont on comprenait qu'il avait été choisi en premier : le livre *La Reine des neiges*, avec sa couverture bleutée si caractéristique de Disney. Ce n'était presque rien mais ce détail m'a bouleversé, me rappelant la question de ma petite-fille quelques semaines plus tôt, passionnée elle aussi par ce personnage aux pouvoirs magiques sur fond d'univers de glace. Impossible pour les parents et grands-parents d'échapper à ce film de Walt Disney que les petites filles du monde entier connaissent et adorent.

Dans les premiers jours de guerre, à l'image de la Reine des neiges, le peuple ukrainien a fait de la résistance : à Kiev, dans un abri anti-bombes de l'époque soviétique, des journalistes ont pu entendre la petite Amelia chanter *a cappella* l'hymne célébrissime de son héroïne à nattes blondes, la princesse Elsa : *Libérée, délivrée*[1]. Plus qu'un espoir, le symbole de la volonté d'un peuple de ne pas disparaître.

Poutine a-t-il échoué, quand tout un pays, désormais soudé face à son agression barbare, fait d'un personnage « américain » le symbole de sa résilience ? La Reine des neiges parviendra-t-elle à terrasser le tsar sanglant qui hante le Kremlin ?

1. *Le Monde*, 4 mai 2022.

Introduction

Après plus de vingt ans de guerre asymétrique contre le salafisme de combat[1], nous assistons désormais au retour de la guerre de haute intensité en Europe : ce continent ne l'avait pas connue depuis 1945. Elle oppose deux pays « frères orthodoxes » d'inégale puissance, la Russie et l'Ukraine. Tragédie d'autant plus amère qu'au IXe siècle, c'est de la matrice kievienne qu'est sortie la future Russie – les historiens parlent de « Russie kiévienne » ou de « la Rus' de Kiev[2] ». État nucléaire, avec un budget militaire dix fois supérieur à celui de

1. Cette menace est toujours présente : al-Qaïda, Daech (État islamique au Levant et en Irak), et toute la nébuleuse djihado-terroriste qui sévit à travers le monde sous différentes franchises (notamment en Afrique), n'entendent pas baisser la garde. La déstabilisation du monde provoquée par la guerre en Ukraine est plutôt une aubaine pour ces mouvements dont le terreau s'enrichit du malheur des peuples.

2. La « Rus' de Kiev » a été fondée par des Varègues (Vikings venus de Scandinavie), qui n'avaient absolument rien de slave. Ils

sa proie, la Russie ne devait faire qu'une bouchée de sa petite voisine. Du côté de Kiev, de gros efforts de reconstruction de l'outil militaire avaient été entrepris depuis la première invasion de 2014, avec l'aide notamment des Américains et des Britanniques[1]. Mais il était difficile d'imaginer que ce pays de quarante-quatre millions d'habitants serait en mesure de résister à une attaque russe sur plus de 60 % de ses frontières, le Kremlin ayant massé des troupes jusqu'en Biélorussie.

Dès les premières heures de l'invasion, le 24 février 2022, Français et Américains avaient proposé au président ukrainien, Volodymyr Zelensky, d'être exfiltré, avec sa famille et ses proches, pour éviter la capture ou la mort[2]. « Je n'ai pas besoin d'un taxi, j'ai besoin d'armes », avait-il répliqué, cinglant. Par cette formule, il entrait déjà dans la légende, prenant en main le destin d'une nation, décrétant la levée en masse et la résistance

domineront la région du IXe au XIIIe siècle, avant d'être envahis par les Mongols.

1. Envoi de conseillers, aide aux montages d'exercices, soutien pour contrer des cyberattaques, fourniture de missiles antichars Javelin. Le président Trump, qui avait donné son feu vert pour la fourniture de Javelin (portée 900 m), avait toutefois demandé aux autorités ukrainiennes de les stocker le plus loin possible de la frontière russe (à 1 000 km) pour ne pas indisposer le Kremlin et afin de donner à ces armes un caractère purement défensif.

2. Le Kremlin avait tenté d'infiltrer un commando de forces spéciales dans Kiev pour remplir cette tâche. Il n'est jamais parvenu à s'approcher de sa cible. Le renseignement américain n'a pas cessé, depuis le premier jour, d'éclairer le haut état-major ukrainien sur les visées des Russes.

sur tous les points du territoire. L'Histoire basculait dans l'inconnu.

Nombre d'Ukrainiens russophones, pourtant plutôt favorables au grand frère russe avant l'invasion, se sont enrôlés dès les premières heures. Quelle que soit l'issue du conflit, la Russie a perdu l'Ukraine pour mille ans. La première réussite de Poutine est d'avoir soudé tout un peuple contre le sien et d'avoir fait taire les querelles politiques de ce pays fragilisé depuis longtemps par l'héritage soviétique de la corruption. Adversaire malheureux de Volodymyr Zelensky lors des élections présidentielles de 2019, le milliardaire Petro Porochenko, député d'opposition à la Rada (Parlement national), a scellé sa réconciliation avec lui, mis son uniforme, pris sa kalachnikov et a financé sur ses propres deniers la création d'un bataillon. L'union nationale est donc à l'ordre du jour.

Car c'est la nation tout entière qui a été attaquée, pas seulement l'armée. Et chaque citoyen ukrainien l'a compris. L'objectif affiché de l'agresseur russe est la disparition pure et simple de l'Ukraine en tant que nation souveraine, puis sa domination, enfin son annexion avant son assimilation. Il s'agit d'un « Étatcide », pour reprendre une formule que j'avais utilisée dans les colonnes du *Parisien*, au début de la guerre. La volonté clairement affichée par Moscou de « russifier » les portions de territoire conquis illustre un projet de nature totalitaire. Les simulacres de référendum de rattachement à la Fédération de Russie, à l'automne 2022, dans les quatre oblasts de Kherson, Zaporijia, Donetsk et Lougansk, en ont été le symbole frappant. Le Kremlin a organisé des scrutins truqués dans la grande tradition soviétique (comme en Crimée en 2014), alors même que chacune de ces provinces faisaient (et font encore) de la résistance à l'invasion (guerre de partisans) et que les armées ukrainiennes y combattent toujours pour en chasser l'occupant.

Plus largement, les valeurs fondatrices de l'Europe sont aussi menacées par les visées hégémoniques poutiniennes. Ces valeurs, le Polonais Adam Michnik, rédacteur en chef de *Gazeta Wyborcza*, les définit avec pertinence : le droit romain, la démocratie athénienne, la miséricorde judéo-chrétienne, les Lumières, la Déclaration des droits de l'homme et du citoyen. « C'est la force de l'Europe. C'est notre maison commune, notre immeuble commun. Même si, dans cet immeuble, il y a des appartements très différents[1] », dit-il.

En matière de polémologie, la guerre d'Ukraine illustre parfaitement la notion de « guerre hybride » qui emplit les manuels et les émissions depuis une quinzaine d'années : elle conjugue, du côté russe, la violence militaire conventionnelle la plus destructrice, les cyberattaques sur les systèmes informatiques, la guerre de l'information, les manipulations psychologiques, le chantage aux ressources alimentaires et énergétiques,

1. *Le Point*, 4 août 2022.

les pressions migratoires, la déstabilisation de l'espace[1]. Hybridité des guerres, hybridité d'un monde où les démocraties cèdent trop souvent le pas devant les poussées « barbares » de l'autocratisme.

« La démocratie est en danger partout dans le monde [...], les libertés civiles ont régressé dans soixante pays [sur cent quatre-vingt-treize] et se sont améliorées dans seulement vingt-cinq pays. Résultat, quelque 38 % de la population mondiale vivent dans des pays non libres, proportion la plus élevée depuis un quart de siècle[2] », lit-on dans un numéro spécial du *Point*. L'invasion de l'Ukraine est un symptôme de ce mal qui tenaille la planète en quête de passe-droit (au sens littéral d'« outrepasser » le droit), de marqueur identitaire et de réassurance virile. La guerre est la

1. Au mois de novembre 2021, la Russie procède à un tir de destruction de l'un de ses vieux satellites (Cosmos-1408 lancé en 1982). Une « pluie » de 1 500 fragments s'est alors répandue dans l'atmosphère. La première conséquence a été une mise en alerte à bord de la station spatiale internationale (ISS), qui se trouvait à 424 km d'altitude et dont la trajectoire s'approchait des débris de Cosmos-1408. Des astronautes russes se trouvaient pourtant dans la station internationale. Le Kremlin entendait ainsi manifester sa capacité à faire de l'espace un nouveau champ de conflictualité. En 2017, la France et l'Italie avaient déjà protesté contre les tentatives d'intrusion russe sur un de leurs satellites de communication. La ministre des Armées, Florence Parly, avait alors manifesté la volonté de la France de se doter de satellites-gendarmes pour contrer les risques de tentative d'espionnage spatial.

2. *Le Point* (géopolitique), numéro spécial, « Le monde qui vient », été 2022.

face émergée d'un projet beaucoup plus global que je n'ai cessé de dénoncer ces dernières années dans mes livres et les émissions de télévision comme « une envie de tyrannie et de barbarie[1] » visible partout dans le monde. Cette poussée de fièvre est foncièrement antidémocratique, antilibérale, doctrinaire, totalitaire, obscurantiste.

Poutine renoue avec la barbarie du XXe siècle, plongeant l'Europe dans un monde qu'elle croyait avoir remisé pour toujours dans les placards de l'Histoire. Fruit de deux guerres mondiales (plus de quarante millions de morts), le « plus jamais cela ! » a volé en éclats sous le fracas des missiles et des chars russes. Consubstantiel au régime russe, le mensonge enveloppe en outre cette « opération militaire spéciale ». Naviguant dans une réalité parallèle, le Kremlin veut faire croire que cela ressemble à une guerre, que cela a le goût d'une guerre… mais que ce n'est pas une guerre. Bernard Lecompte, dans son remarquable livre sur le KGB (Perrin), rappelle que le surnom de la Russie soviétique, dans l'entre-deux-guerres, était : « Le pays du grand mensonge ».

1. Voir Pierre Servent, *Cinquante Nuances de guerre*, Paris, Tempus, 2021. Cette double envie est censée conjurer les maux de ce temps (doute identitaire, secousses économiques et sociales, terrorisme, immigration, etc.) en s'abritant derrière des pseudo-personnages messianiques (Poutine, Xi Jinping, Erdoğan, Trump, Bolsonaro, Orbán, etc.). Il y a dans le monde un besoin frénétique de réassurance autocratique. Le maître du Kremlin l'a parfaitement compris.

Et cette pratique du mensonge consiste aujourd'hui à passer son temps à se présenter en victime des appétits des autres. Il n'est pas très compliqué de décoder Poutine. Il dénonce un pseudo-génocide en cours dans le Donbass contre les séparatistes qui lui sont favorables alors qu'il est en train de tenter d'effacer une Ukraine souveraine de la surface de la Terre. Il dénonce les nazis de Kiev alors que son régime s'entoure de plus en plus des oripeaux du IIIe Reich (propagande éhontée, embrigadement des jeunes, cynisme, bourrage de crâne, exactions et crimes de guerre). Pour tous ceux qui, comme l'auteur, ont travaillé jadis sur le fonctionnement du système soviétique, c'est comme être témoin d'une terrible vengeance posthume de l'Empire rouge déchu. Un immense retour en arrière. Nous assistons, consternés et effrayés, au débordement des vieux égouts soviétiques qui refoulent un trop-plein de mensonges et de crimes non purgés. Il n'y a pas eu de Nuremberg des crimes soviétiques ni de mea-culpa public pour leur profondeur et leur étendue. Cet « oubli » gangrène encore de nos jours la société russe. Quand sera-t-elle capable de regarder son histoire totalitaire en face ? Ce ne sera pas au cours du règne de Vladimir 1er.

En Europe, « après le tournant historique qu'a constitué l'attaque de Poutine [contre l'Ukraine], rien ne sera plus comme avant[1] », comme le dit le chancelier allemand

1. *Le Monde*, 23 juillet 2022.

Olaf Scholz. La conversion expresse de l'Allemagne à la réalité de la puissance armée, après soixante-dix-sept ans de pacifisme béat[1], en est l'une des illustrations les plus spectaculaires. « L'Allemagne, note Marcel A. Dirsus, spécialiste allemand des questions sécuritaires et de violence, a fait l'autruche pendant des années parce qu'elle était prospère. On a laissé les autres, notamment les États-Unis, faire le sale boulot[2]. » Maintenant, elle sort la tête du sable et découvre un paysage pour le moins inhabituel et bouleversant. Il va falloir grandir. Même si les Allemands ont effectivement beaucoup « péché » par une approche « gentils bisounours » des relations internationales (« le commerce résout tout, si on est gentils avec les autres, ils le seront avec nous... »), Berlin n'a pas eu ces dernières décennies le monopole de l'aveuglement, comme on va le voir dans ces pages.

La seule certitude, c'est que désormais tout le monde en Europe doit mettre les mains dans un cambouis couleur kaki. Or, nous sommes tous tétanisés car cela

1. Un budget exceptionnel de 100 milliards d'euros (deux fois le budget défense de la France) a été débloqué au début de la guerre en Ukraine pour tenter de faire de la Bundeswehr autre chose qu'un tigre de papier. Mais les officiers généraux allemands, un peu surpris, heureux et inquiets de cette soudaine manne, se demandent comment le sol « aride et desséché » de la Bundeswehr va bien pouvoir l'absorber... Le budget habituel de la défense allemande est de 53 milliards de dollars.

2. Il enseigne à l'université de Kiel en Allemagne et on peut le suivre sur : https://www. marceldirsus.com.

nous rappelle de sinistres souvenirs. Serons-nous cependant au rendez-vous de l'Histoire ? Une certitude demeure : l'angélisme est passé… Les « monstres » de l'Histoire, dont parle Antonio Gramsci, sont de retour à nos portes. Les Européens ont commencé à en prendre la mesure avec un certain courage ; plutôt un courage certain, parfois teinté de velléités de reculer ou de se diviser.

Le monde entier regarde désormais ce qui se passe dans ce pays plus grand que la France, contrairement à 2014 où la guerre en Ukraine première version avait peu interpellé l'opinion internationale. Peuplé de quarante-cinq millions et demi d'habitants au début de la guerre et assez largement inconnu avant le 24 février 2022, si ce n'est pour sa fâcheuse addiction à la corruption[1], ce pays avait pu apparaître à certains – du fait par exemple de l'élection en 2019 d'un ancien acteur de séries humoristiques, Volodymyr Zelensky, devenu président avec plus de 70 % des suffrages – comment dirions-nous… exotique ? Depuis, le « Coluche ukrainien » a spectaculairement endossé les habits d'une sorte de « De Gaulle slave » en éternel tee-shirt kaki. Ses vidéos sauvages avec ses proches collaborateurs dans les rues de Kiev menacée aux premiers jours, sur le registre

1. Membre du cabinet du ministre de la Défense (1995-1997), puis officier en Bosnie-Herzégovine (1997), l'auteur a été le témoin des multiples trafics qui concernaient le contingent des Casques bleus ukrainiens. C'est l'un des funestes héritages de la période soviétique.

« même pas peur ! », sont des morceaux d'anthologie en matière de communication de guerre. L'homme s'est révélé à la hauteur de la tâche. Ce n'est pas un rôle, comme ceux qu'il avait joués quand il était comédien, c'est un destin qu'il doit désormais incarner à la tête d'un peuple martyrisé.

Et tout à coup, Vladimir Poutine, l'homme fort des photographies de propagande russe, a pris un énorme coup de vieux. Cette guerre est une *guerre de couleurs* : sépia russe tirant sur le vieux rouge du XXe siècle contre le bleu et le jaune flamboyant ukrainiens du XXIe siècle. Le vieux monde contre le nouveau monde.

L'attention marquée pour ce conflit en Europe ne tient pas seulement au fait que chacun s'inquiète de l'inflation, de la crise alimentaire, des pénuries énergétiques, d'une éventuelle panne économique mondiale caractérisée par une « stagflation », soit une stagnation doublée d'une inflation, etc. Une population particulière scrute avec curiosité, et même gourmandise, les signaux de fumée (malheureusement nombreux) qui s'élèvent dans le ciel ukrainien. Qu'annoncent ces augures, se demandent, en effet, les autocrates de tout poil et ceux qui rêvent de le devenir ?

Un œil rivé sur l'île de Taïwan, la Chine observe la façon dont son compère russe se débrouille avec son « opération spéciale ». Il ne lui a pas échappé qu'elle est passée très vite de la *Blitzkrieg* (guerre éclair) à l'enlisement. Quels enseignements en tirer ? Que fera Pékin ? Attendra-t-elle que Taipei tombe comme un fruit mûr ou ira-t-elle la cueillir *manu militari* ? L'Iran (la Perse) s'interroge également, notant l'habileté du Kremlin à couvrir une invasion terrestre de l'ombre portée du nucléaire. Elle pousse les feux dans cette direction, sous le regard de plus en plus alarmiste et alarmé d'Israël (puissance nucléaire). Pourquoi, se demande Téhéran, vouloir signer un nouvel accord international qui briderait son souhait d'être un « pays doté[1] » quand elle voit comment la Russie s'en sert pour attaquer, sans risquer de l'être en retour par l'OTAN (Organisation du traité de l'Atlantique-Nord) ou les Européens[2] ?

L'Arabie saoudite et les autres pétromonarchies sunnites s'en inquiètent, surtout en voyant Vladimir Poutine venir demander du soutien (notamment, en drones de combat) à la Perse chiite[3]. Leur coopération pourrait-elle aller plus loin quand on sait que Moscou a autorisé dans le passé des informaticiens à se rendre en Iran pour assurer des opérations de maintenance des

1. Un pays détenant l'arme nucléaire est présenté sous le vocable : « pays doté ».

2. Le président Donald Trump a décidé unilatéralement, en 2018, de se retirer de l'accord sur le nucléaire iranien signé à Vienne trois ans plus tôt par l'Iran, les États-Unis, la Grande-Bretagne, la France, la Chine, la Russie et l'Allemagne. Jugeant cet accord « abominable », il a aussitôt réinstauré les sanctions contre Téhéran. Les Iraniens ont alors relancé leur programme pour se doter de l'arme nucléaire. Les discussions ont repris avec l'administration Biden mais les résultats ne sont pas encore probants.

3. Russie et Iran sont alliés en Syrie pour soutenir le régime hautement criminel de Bachar el-Assad.

ordinateurs travaillant sur les recherches nucléaires de ce pays[1]. Ryad serait-elle tentée, à son tour, de chercher à se doter du nucléaire pour contrer l'expansionnisme du sabre chiite[2] ?

La Corée du Nord, quant à elle, multiplie les essais de missiles balistiques à capacité nucléaire. Les Américains ne laisseront jamais ce programme arriver à pleine maturité et menacer leur territoire. La Turquie tente de jouer les équilibristes entre Russes et Ukrainiens, tout en mesurant bien que l'expansionnisme poutinien en mer Noire fragilise sa propre puissance dans cette zone[3]. Recep Erdoğan, qui rêve de supplanter l'Arabie saoudite dans sa domination du monde

1. Sachant cela, une cyberopération israélo-américaine aurait permis d'infecter les outils informatiques russes de maintenance du programme iranien. Les spécialistes russes auraient ensuite, sans le savoir, infecté les ordinateurs iraniens dédiés aux recherches sur l'arme nucléaire. Par ailleurs, le Mossad (services secrets israéliens) décime les rangs des hauts personnages iraniens ayant un lien avec le programme nucléaire. Voir Pierre Servent, *Extension du domaine de la guerre*, Robert Laffont, 2016.

2. Depuis plusieurs années, l'Iran a renforcé ce que l'on nomme « le Croissant chiite » : il part du Liban avec le Hezbollah (puissance politique et militaire de cette branche minoritaire de l'Islam), en passant par la Syrie tenue d'une main de fer par la minorité chiite alaouite (clan el-Assad), l'Irak (majoritairement chiite) et, enfin, l'Iran (très majoritairement chiite). L'Iran cherche également à le prolonger jusqu'en Afghanistan (Asie centrale) où se trouve la minorité chiite, souvent persécutée, des Hazaras.

3. Russes et Turcs se sont affrontés pour la domination de cette zone aux XVIIe, XVIIIe et XIXe siècles. Au XXe siècle, les deux pays sont dans des blocs opposés lors de la Grande Guerre.

sunnite[1], pour s'imposer sans conteste, songerait-il en secret à détenir une « bombe atomique sunnite » ? Pour l'instant, rien ne permet de le dire. Mais demain ?

De quoi cette guerre est-elle le signe ? – s'interrogent également des peuples apeurés par les secousses de la planète. La guerre de haute intensité en Europe, avec son cortège effroyable de destruction, sera-t-elle le signal déclencheur d'une envie d'en découdre avec son voisin (ou son lointain), avec celui avec qui on ne veut plus cohabiter sur un continent, dans un pays, un groupe social, un système politique, sa famille ? Va-t-on voir se multiplier des guerres préventives, parce que l'on a peur que le voisin ne la lance avant nous ? Dans cette période, le plus grand crime de la Russie poutinienne – puissance nucléaire, membre permanent du conseil de sécurité de l'ONU – est d'avoir donné le mauvais exemple, d'avoir libéré le goût du sang comme mode de résolution acceptable, banal, de problèmes de voisinage et de sécurité, réels ou fantasmés.

Au tout début de la guerre, un haut responsable de l'un des services de renseignement occidental me confiait : « Cela va libérer dans le monde un penchant déjà existant pour la sécession, le séparatisme. » Depuis plusieurs années, lors de nos échanges, ce même

1. Outre sa puissance économique (rente pétrolière), l'Arabie saoudite dispose d'un énorme atout d'influence : la protection des deux grands lieux saints de l'islam, Médine et La Mecque.

personnage m'avait expliqué que la Russie était un « État voyou ». Cela m'a aidé à comprendre la nature intrinsèque du pouvoir poutinien et à voir clair dans le jeu russe à partir de la fin 2021, notamment dans la fausse séquence diplomatique ouverte par le Kremlin en direction de l'OTAN et des États-Unis. Quand vous pratiquez l'imprécation permanente, et que vous sommez l'autre d'accepter l'inacceptable (un droit de regard sur l'expression de sa souveraineté), on peut en déduire que vous cherchez à habiller à l'avance un passage en force décidé de longue date. J'avais parlé alors à l'époque de la « fausse scénographie » russe consistant à faire croire que l'on cherchait à encercler ce pays grand comme trente fois la France.

Le renseignement américain n'a cessé de dévoiler la duplicité très « soviétique » du Kremlin, en déclassifiant nombre de documents secrets prouvant ses intentions bellicistes sous ses airs de sainte-nitouche. Dans cette étrange époque d'avant-guerre, Antony Blinken, secrétaire d'État des États-Unis (Affaires étrangères), avait illustré les manipulations russes par une image amusante et pertinente. Il expliquait, en substance, que le renard russe, la gueule encore pleine des plumes des poulets moldaves, géorgiens et ukrainiens, entendait protester haut et fort contre la menace que représentait à ses yeux le fait que les volatiles européens du flanc est de l'OTAN cherchaient à doubler leur grillage protecteur. C'était, pour le goupil, parfaitement inacceptable ! Une menace existentielle pour son estomac. Ne cherchait-on pas à l'humilier avec ces mesures de défiance ? La posture du Kremlin était grotesque… mais pas suffisamment pour faire taire ses nombreux thuriféraires qui, dans le monde, relayaient, par anti-américanisme primaire, les fausses « grand-peurs » russes d'anéantissement.

Quand on sait que la planète est truffée de contentieux frontaliers plus ou moins froids, la mèche lente ukrainienne risque de provoquer par contamination bien des détonations. Le retour en force d'un nationalisme carnassier fait courir collectivement de grands dangers aux herbivores européens. Après la chute du mur de Berlin, le Français Édouard Balladur, alors Premier ministre (1993-1995), s'appuyant sur l'Organisation pour la sécurité et la coopération en Europe (OSCE), avait joué un rôle très important en matière de concertation et de diplomatie pour désamorcer en Europe le prurit de reconquête territoriale libéré par l'effondrement de l'empire colonial soviétique. L'objectif d'entrée dans l'Union européenne avait permis de calmer ces démangeaisons nationalistes, facteurs de guerre et de tensions. Nous y voilà à nouveau par la faute de Moscou. Les États-puissances sont de retour et leurs logiques sont très éloignées des vertus cultivées par l'Europe.

L'annexion de type soviétique (brutalité, duplicité, référendum sous contrainte) de la Crimée ukrainienne par la Russie en 2014 était déjà un crime majeur contre la paix. Les Russes avaient alors foulé aux pieds le mémorandum de Budapest signé vingt plus tôt, par lequel, en échange des armes nucléaires détenues par

Kiev, ils reconnaissaient le caractère intangible des frontières de leur voisin, Crimée comprise. Depuis cette date, l'auteur n'a pu que constater à quel point, en France et en Europe, cette rupture majeure du droit international était banalisée avec la formule type : « Mais la Crimée a toujours été russe[1] ! » Pour son larcin international, la Russie n'avait subi alors que quelques sanctions économiques cosmétiques tandis que l'Allemagne s'empressait de faire aboutir le projet de Nord Stream 2, accroissant encore un peu plus sa dépendance au gaz russe… Pourtant, l'invasion visible de la Crimée – et, plus discrète, d'une partie du Donbass[2] – portait déjà en creux l'opération lancée huit ans plus tard.

S'agissant de cet esprit de conquête, dans la droite ligne de celles des empires tsariste et soviétique, Vladimir Poutine est finalement très transparent quand

1. Affirmation fausse car la Crimée a été arrachée aux Tatars turcophones, protégés par l'Empire ottoman, à la fin du XVIIIe siècle. L'Europe ayant été un continent riche en guerres et en annexions forcées au fil des siècles, il est extrêmement dangereux pour sa stabilité de revendiquer telle ou telle portion de territoire au motif qu'elle a appartenu jadis à tel ou tel pays. À ce titre, Berlin serait tout à fait légitime pour demander la restitution de Kaliningrad puisque ce territoire – véritable porte-avions terrestre russe sur la Baltique (coincé entre la Pologne et la Lituanie) – a toujours été prussien (sous le nom de Königsberg) avant son rattachement à l'Union soviétique à la fin de la Seconde Guerre mondiale.

2. De 2014 à 2022, de façon non officiellement reconnue, la Russie a conseillé, équipé, armé et épaulé les séparatistes du Donbass (dans les oblasts de Lougansk et de Donetsk).

il déclare que, depuis Pierre le Grand (1672-1725), « presque rien n'a changé » en matière de géopolitique. Selon lui, ce tsar ne faisait aucune conquête quand il envahissait ses voisins : il se contentait de « reprendre » ce qui « était dû à la Russie[1] [*sic*] ». Rappelons que Pierre Ier de Russie a envahi, durant son règne, la Suède, la Finlande, la Lettonie, l'Estonie et qu'il a conquis la mer d'Azov. Clé essentielle qui permet de comprendre la pensée géopolitique de Vladimir le Petit, la poitrine ceinte de ses missiles nucléaires pour pallier les défaillances consubstantielles de son armée d'un autre âge. Dans son esprit, il ne conquiert rien, il se contente de reprendre ce qui a été indûment confisqué à la Russie par l'Histoire. Donc il ne reculera pas et il n'y aura pas de solution diplomatique sérieuse et équilibrée à ce conflit (sauf disparition du régime poutinien et de sa clique). Au passage, en invoquant l'héritage de Pierre Ier, l'ancien espion du KGB torpille lui-même sa propre justification de son invasion : lutter contre un « génocide » en cours dans le Donbass, prévenir la guerre d'invasion que les nouveaux nazis[2] et drogués ukrainiens et américains se préparaient à lancer.

1. Déclaration du président Poutine le 8 juin 2022 en marge de l'exposition « Pierre le Grand ».

2. Cette dénonciation répétée de la présence de nazis au pouvoir en Ukraine s'appuie sur deux choses : l'histoire et l'actualité récente. Après l'invasion, en juin 1941, de l'Union soviétique par son ancien allié nazi, des unités ukrainiennes, par antibolchevisme, ont rejoint les Allemands. Ils participent notamment aux massacres des Juifs. Par ailleurs, durant la guerre froide, la propagande

Pour bien comprendre ce qu'il y a dans la tête de Poutine, il faut écouter ceux qui ont vécu en Russie. Un ingénieur général de l'armement français (cadre de réserve), autrefois en poste diplomatique à Moscou, m'a confié ceci : « Mes interlocuteurs militaires russes me disaient souvent : "Là où le sang russe a coulé, la terre est russe !" » Poutine s'en tient à cette logique en forme de sanguine qu'il complète par des distributions massives de passeports et des annexions forcées. Là où un passeport russe est détenu, la terre est russe. Le sang, le sol, le passeport : cette trinité ne laisse aucune place au compromis, au respect de l'altérité. Il faut aussi écouter Poutine et le lire dans le texte car il est à la fois l'agent du mensonge permanent et le vecteur du « parler-vrai » sur ses rêves les plus secrets. Mais

soviétique utilise largement le registre des « Américains nazis », de l'« OTAN aux mains des nazis », tandis que de nombreuses caricatures représentent les dirigeants de l'Ouest en dignitaires du IIIe Reich. S'agissant de l'actualité, lors de la première invasion de 2014, une unité (le « bataillon Azov ») a été créée par des volontaires pour s'opposer aux Russes et aux séparatistes pro-russes. Les inspirateurs et les chefs de cette unité étaient nettement des radicaux d'extrême droite, flirtant avec la symbolique nazie. Par la suite, cette unité a été intégrée à la garde nationale et a progressivement perdu son odieuse filiation. Mais, pour Moscou, ces « nazis » sont toujours là et ce sont des « terroristes » passibles désormais de la peine de mort s'ils sont capturés (décision de la Cour suprême russe à l'été 2022). Leur résistance héroïque dans l'usine d'Azovstal (Marioupol) en a fait les bêtes noires du Kremlin. Une soixantaine de ces soldats d'Azov ont été tués par bombardement, le 29 juillet 2022, dans leur camp de prisonniers, dans des conditions suspectes qui laissent penser à une opération russe.

encore faut-il les attraper au vol et ne pas être aveuglé par nos œillères de gentils Occidentaux.

Bien d'autres questions fondamentales émergent derrière ce retour de la guerre de haute intensité : elles sont d'ordre civilisationnel. Le mensonge permanent et les vérités « alternatives », le mépris du droit, le cynisme et la mauvaise foi, la violence sans limite dans le mode opératoire militaire, le retour du patriarcat (derrière le culte des « vrais hommes[1] ») vont-ils avoir de plus en plus droit de cité en ce début du XXIe siècle ? À l'heure d'Internet, des réseaux sociaux, de la révolution numérique permanente, de la mondialisation, va-t-on renouer avec les grimaces tragiques du siècle précédent, hyper-nationalisme rimant avec ultra-obscurantisme, purification avec élimination, réunification avec rééducation ? Le respect de la souveraineté des autres, celui d'une histoire non falsifiée, le recours à la diplomatie comme voie de règlement des conflits, la culture fondée sur des connaissances et non sur des croyances, tout cela va-t-il s'effacer devant la loi du plus fort, le complotisme permanent, le populisme le plus échevelé et la rage des peuples stimulés par quelques messies-imprécateurs de pacotille ? Bref, ce siècle va-t-il renouer avec ce que le lumineux journaliste et écrivain Kamel Daoud nomme – à propos de la France, en pointant

1. Philippe Colin, *Poutine, le tsar rouge*, podcasts de France Inter.

du doigt ses populistes plus ou moins révolutionnaires – « les extases barbares[1] » ? « Étrange spectacle pour un possible historien des grandes ères : on redoutait depuis toujours pour l'Occident une fin par les invasions barbares. Il s'avère [qu'elles] sont surtout internes. Le "barbare", c'est-à-dire l'insoumis, le colérique, le broyé ou le *refuznik* social, n'est plus le "sauvage d'ailleurs" que l'exotisme grime ou repousse, mais le citoyen de son propre pays, fabriqué par la viralité d'Internet, la sous-information ou le mépris des castes, la rente sociale ou le sentiment d'en être exclu[2] », explique-t-il.

Deux modèles, autocratie/démocratie, se font face. Deux guerres les opposent, *soft* ou *hard*. La difficulté est que ces blocs ne sont pas homogènes ni hermétiques l'un à l'autre. Ce face-à-face, de plus en plus violent, clive également les sociétés démocratiques elles-mêmes. En ce sens, l'invasion du Capitole, le temple de la démocratie américaine, le 6 janvier 2021 par les partisans de Trump chauffés à blanc par l'hystérie antidémocratique de leur maître[3], suffit à prouver que

1. *Le Point*, 16 juin 2022. Kamel Daoud parle de la France saisie par les démons du populisme : « Une envie de saccage, une détestation de soi ou des siens qui autorise à croire qu'on n'est plus dans la politique, mais dans la vengeance, le suicide ou l'envie d'extases barbares. Fascinant pour un pays qui inventa la raison et qui aujourd'hui renouvelle son contraire hystérique. »

2. *Ibid.*

3. Au moment de ces heures fatidiques où une foule de plus en plus importante part à l'assaut du Capitole, Robert Engel, le patron

la « guerre des deux mondes » est particulièrement sournoise et subversive. Elle déborde aussi chez nous, en France : le 5 janvier 2019, des Gilets jaunes envahissaient le ministère des Relations avec le Parlement après avoir défoncé les immenses portes grâce à un engin de chantier volé. Qui peut dire que cela ne se reproduira jamais ?

Dans l'histoire des hommes, l'hypernationalisme a toujours été stimulé par les crises, les traumatismes nationaux, les chocs telluriques sécuritaires, guerriers, économiques, politiques, sociaux ou sociétaux. L'être humain qui a peur est une proie idéale pour le fantasme, l'envie de boucs émissaires, l'attente du sauveur, ce loup grimé en mouton, comme dans les contes qui font peur aux enfants. L'apeuré laisse à son cerveau reptilien une latitude d'imprégnation et une marge de manœuvre grandissantes. Surtout si on lui dit qui détester. Plus il a peur, plus il est demandeur de marqueurs identitaires et de réassurance tribale. C'est un biais qui déconstruit la civilisation (l'universel et l'altérité) pour renforcer les réflexes primitifs de la tribu, comprise comme un espace homogène débarrassé de ses traîtres et de ses allogènes,

---

de l'équipe de protection rapprochée du président, demande d'éviter ce lieu pour des questions de sécurité. Donald Trump hurle en faisant mine de se saisir du volant : « Je suis le putain de président, emmenez-moi au Capitole. » Engel bloque son bras pour l'en empêcher… Trump tente alors de lui saisir le cou. Témoignage recueilli lors des auditions de la commission d'enquête. Voir *Le Monde*, 30 juin 2022.

nécessairement menaçants. Ceux qui ne communient pas dans une même adoration du totem tribal ne peuvent demeurer : pour eux, c'est la soumission, la déportation ou la destruction.

Ces dérives nationalistes sont pain bénit pour les faux prophètes qui sentent intuitivement ces fractures. Le front haut, le verbe enragé, le geste ample, ils se positionnent en thaumaturges rassemblant leur troupeau effrayé. Leurs prêches et leurs actions sont amplifiés dans notre société hyperconnectée par les moyens de communication modernes, le plus souvent sous un angle dramatique, catastrophiste, hystérique, faux, biaisé, manipulé. Finalement, dans l'oreille de la tribu, c'est le son du « tam-tam » qui est privilégié comme écho « du vrai et du juste ». Plus il sera dénonciateur et assourdissant, plus il sera entendu des brebis perdues. La nuance devient mécaniquement inaudible par les effets de ce tintamarre tripal. Pis, elle devient suspecte, la preuve même du mensonge des « élites ».

La peur, voilà l'ennemi… Or, ce début de siècle a été particulièrement riche en chocs et en embardées consécutifs à des surprises stratégiques (événements non prévus avec des conséquences structurelles sur le long terme) : des attentats du 11 septembre 2001 par une petite succursale du terrorisme djihadiste (al-Qaïda) à l'invasion de l'Irak par les Américains sans aucune raison valable, sans oublier les crises financières et économiques, les printemps arabes, l'émergence d'un proto-État salafo-totalitaire (Daech) à cheval sur la Syrie et l'Irak, plus largement l'extension du djihado-terrorisme à l'Europe, sans oublier les guerres russes (Tchétchénie, Géorgie, Syrie, Ukraine), le Brexit, l'élection de Donald Trump aux États-Unis, la Covid, la déconfiture américaine en Afghanistan… Il faut bien sûr couronner tout cela par le problème climatique qui menace de plus en plus la planète.

Il serait sans doute aventureux d'affirmer que ce premier quart de XXIe siècle détiendrait une sorte de record en matière de surprises à effets stratégiques car elles n'ont pas manqué durant le siècle dernier : deux guerres mondiales, la grippe espagnole, la crise de 1929, la décolonisation, la bascule communiste de l'immense Chine, cinq génocides (arménien, ukrainien[1], juif-tzigane, cambodgien, rwandais), et l'effondrement sans combats de l'un des pires empires coloniaux de l'histoire : celui de l'Union soviétique. Les vies brisées l'ont été par dizaines de millions, le régime soviétique, l'Allemagne nazie et la Chine communiste se partageant la part du lion en matière de crimes contre l'humanité. S'agissant de notre siècle commençant, les secousses

1. Entre 1932 et 1933, les bolcheviks mettent en œuvre une politique délibérée de destruction par la famine des paysans « riches » (les koulaks) et des élites ukrainiennes qui résistent à la normalisation communiste voulue par Moscou. Cet épisode tragique de l'histoire ukrainienne (4 à 5 millions de morts) est connu sous le nom d'*Holodomor* (« famine »). Voir Robert Conquest, *Sanglantes Moissons*, « Bouquins », Robert Laffont, 1995.

qui nous ont heurtés depuis 2000 ont fait beaucoup moins de morts qu'au siècle précédent mais elles ont déjà profondément fracturé notre planète.

Dernière en date des surprises stratégiques, ce retour de la guerre en Europe qui émane d'une « puissance dotée » (environ six mille têtes nucléaires), parfaitement désinhibée dans le recours régulier à la menace du feu atomique et par ailleurs membre permanent du Conseil de sécurité de l'ONU, c'est-à-dire responsable en premier du respect de la charte des Nations unies qui promeut la paix, le droit et la diplomatie. Un comble ! Avant de se lancer dans ses crimes de masse, l'Allemagne hitlérienne avait pris soin de quitter l'ancêtre de l'ONU, la Société des nations[1] (SDN). En portant massivement le feu chez son voisin, le maître du Kremlin a non seulement piétiné le droit international mais il a blessé mortellement la structure onusienne chargée, en premier, de le faire respecter. Un autre monde s'ouvre sous nos pas.

Pour tenter de le comprendre, je propose aux lecteurs trois doubles entrées : militaire et guerrière, psychologique et idéologique, diplomatique et économique.

1. Dès le mois d'octobre 1933, Adolf Hitler (arrivé au pouvoir en janvier) se retire de la Conférence sur le désarmement ainsi que de la SDN.

Partie 1

Dessous et révélations d'une guerre annoncée

« Notre aversion proclamée pour la confrontation est, pour la Russie, une invitation à l'escalade et non une dissuasion. »

Bret Stephens, *The New York Times*, août 2022

1

L'appétit des prédateurs vient en mangeant

Ceux qui tentent à tout prix de circonscrire les limites du drame ukrainien à une simple querelle de frontières entre frères slaves se trompent gravement. Ils sont faciles à identifier dans les médias car ce sont eux qui expliquent qu'il faudra bien un jour que Kiev, pour avoir la paix, fasse des « concessions territoriales » à l'ogre russe. Il semblerait qu'à leurs yeux, la loi du plus fort reste un invariant de l'Histoire. Ils oublient que l'appétit des prédateurs vient en mangeant et que Poutine est un *serial killer* (Tchétchénie, Géorgie, Ukraine 1 et 2, Syrie...). Ce sont souvent les mêmes « observateurs » qui ont expliqué pendant des mois, avant le 24 février, que jamais, au grand jamais, la Russie n'envahirait l'Ukraine. Ils continuent de penser que l'on a « humilié » ce grand pays, contraint de recourir aux armes pour se défendre, (je reviendrai sur ce point) et que la diplomatie pourrait permettre de trouver un *statu quo* à cette situation tragique. Ils se refusent toujours à voir que le projet de Vladimir Poutine est criminel, global et tellurique : criminel car il foule aux pieds la souveraineté de pays membres de l'ONU ; global car il s'agit de dominer d'une façon ou d'une autre ce que Moscou a toujours nommé son « étranger proche », comme le firent jadis la Russie des tsars et celle des Soviets ; tellurique car il s'agit ni plus ni moins que de désoccidentaliser le monde, de le purger de l'influence américaine et des miasmes démocratiques.

À soixante-dix ans, on ne se refait pas : l'ancienne petite racaille de Leningrad (aujourd'hui Saint-Pétersbourg), devenu espion du KGB, a conservé le goût de la domination, celui des barbouzeries, du mensonge et de la violence comme accélérateur de puissance. Aujourd'hui, il est toujours psychologiquement une petite frappe, mais avec une grosse force de frappe nucléaire entre les mains. Il pense que les temps sont venus pour que « les vrais hommes » – expression très en cours à l'époque soviétique dans les rangs du KGB – façonnent le monde de demain ; les « femmelettes » européennes, quant à elles, devront passer leur tour.

La logique des empires

Le volcan ukrainien n'est que la partie visible d'une tectonique des plaques géopolitiques qui fracture en profondeur la croûte terrestre. Si les continents autocratiques et démocratiques s'éloignent inexorablement, des failles existent de part et d'autre. Les blocs ne sont pas complètement homogènes et imperméables aux idées du clan adverse. S'agissant du bloc totalitaire, il n'est pas surprenant que le Russe Vladimir Poutine se soit acoquiné avec le Chinois Xi Jinping. En ouverture des Jeux olympiques de Pékin, le 4 février 2022, vingt jours avant l'entrée en guerre, les deux dictateurs ont affirmé sans rire que leurs pays étaient les deux seules « authentiques démocraties » dans le monde et qu'ils entendaient lutter main dans la main « contre les falsifications de l'Histoire ». Pour ces deux dictateurs : « Les nouvelles relations entre la Chine et la Russie sont supérieures aux alliances politiques et militaires de l'époque de la guerre froide. » Ils ont affiché tout sourire « leur amitié sans limites[1] », l'un pensant à Kiev, l'autre à Taipei.

Ces deux personnages cyniques ont en commun une envie de domination et de revanche, une inclination himalayenne pour le mensonge, une pratique rodée de la manipulation de leurs populations respectives et un goût prononcé pour la réécriture de l'Histoire (afin de nourrir un récit national de cohésion et de combat). Mais il n'est pas certain qu'au cœur de ce duo ne résident pas quelques germes diffus de duel futur, car la riche (ressources énergétiques) et fragile Russie (sur le plan économique) aiguise les appétits insatiables de

1. Ces citations sont extraites du discours d'ouverture des Jeux olympiques.

l'empire du Milieu[1]. Dans l'affaire ukrainienne, il n'est pas impossible que Pékin ne soutienne Moscou que comme la corde soutient le pendu. L'économiste Patrick Arthus avance cette idée en la formulant ainsi : « La Chine espère bien pouvoir acheter un jour la Russie… en discount[2]. » Le Russe n'a peut-être pas bien compris que le Chinois rêve comme lui de supplanter un jour les États-Unis comme puissance centrale du monde, mais seul. Quand on est un autocrate à visée planétaire, il n'y a pas de place pour les duumvirats.

Faire peur !

Mais pour l'heure, une entente relativement cordiale règne entre les deux voisins qui partagent la même essence totalitaire. Observons ces deux chefs de file qui drainent derrière eux plus d'aficionados dans le monde que l'on ne croit. La Chine coche aujourd'hui toutes les cases d'un régime authentiquement totalitaire : culte de la personnalité, présidence à vie, absence de droits démocratiques, pas d'élections libres, mépris pour la parole donnée (on pense à Hong Kong qui devait pouvoir conserver son régime politique « libéral » selon le principe « un pays, deux systèmes »), parti unique,

1. La population chinoise est dix fois plus nombreuse que celle de la Russie (1,4 milliard d'habitants) sur un territoire nettement plus petit : 9,6 millions de km^2 contre 17 millions de km^2.

2. Plateau de LCI, 11 mai 2022.

contrôle accru de tous les aspects de la vie du citoyen – reconnaissance faciale, passeport de conformité sociétale, etc., enfermement brutal de la population sous prétexte de lutter contre la Covid, camps de déportation et de rééducation (notamment contre les Ouïgours), absence de liberté de la presse, apprentissage par cœur de la pensée de Xi de l'école primaire à l'université, justice aux ordres, militarisation et annexion de fait en mer de Chine méridionale de zones maritimes ne lui appartenant pas[1], etc.

L'artiste dissident chinois en exil Ai Weiwei explique : « Le principal objectif [du régime chinois] est d'intimider, de faire peur. Il déploie des efforts gigantesques pour s'introduire dans tous les aspects de la vie des gens. Pour les dirigeants chinois, prendre le contrôle est une question de vie et de mort. S'ils relâchent leurs efforts en la matière, tout risque de s'écrouler. Pour la simple raison que le régime n'a aucune légitimité. Pour le parti communiste, il s'agit d'une lutte de tous les instants pour sa survie[2]. »

Alors vice-président des États-Unis (présidence Barak Obama), Joe Biden se souvient d'un échange détendu avec le tout nouveau numéro un chinois, Xi Jinping. Un grand garçon d'un mètre quatre-vingts,

1. La mer de Chine méridionale, au sud du détroit de Taïwan, est une zone majeure pour le monde : plus de 40 % des échanges maritimes passent par cette zone, par ailleurs très riche en ressources halieutiques.

2. *Le Point,* 28 juillet 2022.

plutôt sympathique, un peu gauche (sans mauvais jeu de mots), fils d'un prince rouge ayant connu le zénith maoïste puis la disgrâce (et lui avec). Le nouveau maître de la république de Chine populaire lui avait expliqué qu'il regardait Mikhaïl Gorbatchev comme un des plus grands criminels de son temps pour avoir détruit l'Union soviétique[1]. On comprend pourquoi il s'entend si bien avec l'ancien lieutenant-colonel du KGB, nostalgique de cette grandeur impériale rouge perdue. Sans lui avoir donné le sentiment d'une approche duplice, Xi Jinping avait demandé à Joe Biden de lui expliquer ce concept étrange que les Occidentaux nomment « droits de l'homme ». L'Américain s'était appliqué à le faire du mieux possible… sans succès. Un peu désolé, son interlocuteur lui avait dit que vraiment, non, il ne comprenait pas ce que cela pouvait bien représenter comme avancée pour les hommes.

« En ce qui concerne la Chine, précise Ai Weiwei, la conception des droits humains est complètement différente de celle de l'Occident. Par essence, elle est biaisée et même fausse[2] », estime-t-il, dans la mesure où le primat du groupe l'emporte sur celui de la personne et de sa liberté de conscience. La solidité du groupe passe donc par une éducation de tous les instants et par une rééducation si nécessaire. Pour M. Xi, l'empire soviétique est mort d'avoir laissé des « impuretés »

1. Pierre Servent, *Extension du domaine de la guerre*, *op. cit.*
2. *Le Point*, *op.cit.*

venues de l'Occident pénétrer en son sein. *Perestroïka* et *glasnost*[1] ont fait entrer la lumière dans un système d'oppression qui se nourrissait structurellement de l'opacité et du primat de la conformité idéologique sur la compétence professionnelle. L'empire soviétique n'a pas été détruit de l'extérieur : il a tout simplement implosé parce que Gorbatchev a tenté de réformer l'irréformable.

Cette erreur ne sera pas commise par Xi dans l'empire du Milieu. Si de la lumière (autre que celle de la pensée de Xi) venait à s'infiltrer au travers des solives étanches de la Cité interdite, la seule chose à faire serait d'enlever les planches pourries et de colmater le toit de façon encore plus radicale et hermétique. La *caverne* chinoise est bien gardée. Nul ne pourra mentalement ou philosophiquement en sortir. C'est pour cela, entre autres, que l'indépendance de la très démocratique Taïwan, à seulement cent trente kilomètres des côtes de la république populaire de Chine, est un insupportable affront fait à la cohésion de l'Empire rouge. Cette île, où le nationaliste Tchang Kaï-chek s'était retranché après avoir été vaincu par les communistes en 1949, ressemble à peine à une virgule sur la carte à côté de la grande Chine. Presque rien, mais toute la grammaire de Pékin en souffre à mourir. Comment supporter cette humiliation ?

1. Mikhaïl Gorbatchev (au pouvoir de 1985 à 1991) a cherché à réformer l'URSS en lançant, notamment dans le domaine économique, une politique de transparence (*glasnost*) et de restructuration (*perestroïka*). Le remède a emporté le malade…

2

Les véritables raisons d'une invasion

La notion d'humiliation serait également à l'œuvre dans la décision de Vladimir Poutine d'envahir complètement l'Ukraine le 24 février 2022, après l'avoir fait partiellement huit ans plus tôt. Officiellement, le Kremlin a avancé deux types d'explication alternatifs : il fallait dénazifier ce « pays frère », injustement séparé par l'Histoire de sa matrice naturelle (la Russie), le démilitariser pour l'empêcher d'entrer dans l'OTAN et de poursuivre un génocide en cours dans le Donbass (dans les zones tenues par les sécessionnistes pro-russes, depuis 2014-2015). La propagande russe prétendait également qu'il fallait attaquer en premier pour prévenir une invasion imminente de la terre russe par l'OTAN et les nazis ukrainiens à sa solde. D'ailleurs, a affirmé Moscou, les Américains entretenaient de longue main sur ce territoire inféodé des laboratoires de recherches dans les domaines chimique, nucléaire et radiologique en vue du futur assaut. Les médias russes aux ordres ont expliqué qu'en agissant ainsi préventivement, le tsar Poutine manifestait une fois de plus sa volonté de protéger l'âme et les valeurs russes menacées de submersion, et même de destruction, par des puissances décadentes.

Avancer masqué sous les traits de la « victime »

Ces différentes thématiques ont été développées depuis des années avec comme point focal le souhait de l'Ukraine d'entrer dans l'OTAN, qui serait un *casus belli* pour Moscou. L'Alliance atlantique serait en train d'« encercler » la Russie en absorbant progressivement les anciens pays membres du pacte de Varsovie (l'alliance militaire du bloc de l'Est à l'époque soviétique). Kiev serait le nouveau pion en date de cette volonté hégémonique de l'Ouest. Qu'importe le fait qu'aucune alliance ne puisse encercler ce pays immense. Qu'importe que les États-Unis aient largement tourné le dos à l'Europe pour porter leur attention vers l'Asie. Qu'importe que la véritable motivation de Kiev ait été la même que celle de ses camarades d'Europe centrale et orientale : se protéger d'un envahisseur traditionnel en se mettant à l'abri sous le parapluie de l'OTAN (les Polonais, les Baltes, les Tchèques, les Slovaques, les Roumains, les Bulgares, les Albanais s'en félicitent grandement aujourd'hui, en voyant le sort de la malheureuse Ukraine). Qu'importe que Français et Allemands, soucieux de ne pas froisser ladite Russie, aient décidé de conserve de bloquer, depuis 2008, toute perspective d'adhésion de Kiev et de Tbilissi (Géorgie) à l'OTAN[1].

L'important pour le Kremlin, depuis une dizaine d'années, a été de construire un discours victimaire pour mieux avancer masqué. Nostalgique de la grandeur impériale russe et soviétique, Poutine a toujours caressé des rêves de restauration et de grandeur prédatrice. Comme on l'a vu, il est convaincu que seuls les hommes forts peuvent diriger une Fédération de Russie aussi immense et aussi composite avec ses vingt et une républiques, ses neuf territoires administratifs (kraïs), ses quarante-six régions administratives (oblasts), ses arrondissements autonomes (okrougs), ses deux villes fédérales (Moscou et Saint-Pétersbourg) et sa région autonome.

Il y a une autre thématique insidieuse, instillée par le Kremlin et développée en France par un important courant pro-Poutine[2] : la Russie depuis trente ans aurait

1. Le principe d'une adhésion de l'Ukraine et de la Géorgie à l'OTAN avait été décidé en 2008 au sommet de Bucarest de l'OTAN. Depuis, Berlin et Paris ont empêché Kiev de rejoindre cette alliance défensive de trente pays. D'une certaine façon, ils devraient aujourd'hui se demander si en faisant cela, ils n'ont pas livré *de facto* l'Ukraine à la Russie…

2. Sur ces multiples relais – incarnés sur un plan politique par Marine Le Pen, Jean-Luc Mélenchon et Éric Zemmour, arrivés respectivement en deuxième, troisième et quatrième places à la dernière élection présidentielle –, on lira avec intérêt l'enquête de *La Croix* du 31 mars 2022 : « Les amis de la Russie en France ».

été volontairement « humiliée » par un Occident sous domination américaine. Elle ne ferait donc que se défendre, cherchant à préserver ses valeurs traditionnelles (travail, famille, patrie, sabre et goupillon orthodoxe[1]) face à une sorte de grand effacement qui serait en marche. C'est ce qu'explique, par exemple, ce général français (du cadre de réserve), par mail à destination de son champ relationnel[2] : « Des nostalgiques de la guerre froide du temps de l'Union soviétique ont accumulé les provocations contre l'ours russe jusqu'à le rendre furieux[3]. » On retrouve également la même thématique chez l'ancien diplomate (chiraquien) Maurice Gourdault-Montagne qui regrette que « certains nient aujourd'hui l'humiliation de la Russie après la chute de l'Union soviétique[4] ». La secrétaire perpétuelle de l'Académie française, Hélène Carrère d'Encausse, ne dit pas autre chose depuis des années[5]. On pourrait leur répliquer que c'est l'Union soviétique qui s'est humiliée elle-même par son autodestruction après avoir humilié si

1. Vladimir Poutine se référerait, en fait, aux principes de gouvernance en vigueur sous Nicolas Ier (1796-1855) connus sous le terme de « triade d'Ouvarov » (Sergueï Ouvarov fut ministre de l'Intérieur de ce tsar) : orthodoxie, autocratie, principe national.

2. Ce document n'étant pas public, nous préférons préserver l'anonymat de son auteur.

3. Texte reçu par l'auteur, comme des dizaines d'autres relayant les mêmes schémas mentaux.

4. *Le Figaro*, 26 et 27 mars 2022.

5. Depuis, elle condamne fermement l'invasion de l'Ukraine.

longtemps tant de peuples. Mais il est difficile de faire entendre raison à ceux qui ne le veulent pas.

La main de l'étranger

Un certain nombre d'admirateurs du régime poutinien estiment également que la révolution ukrainienne de Maïdan[1], en février 2014, a été pour le Kremlin un insupportable camouflet. Elle a conduit à la destitution du président pro-Russe Viktor Ianoukovytch, qui souhaitait mettre un terme au rapprochement avec l'Europe pour se tourner vers Moscou. Balayant les explications selon lesquelles l'inquiétude de Poutine portait surtout sur le fait d'avoir à ses portes un régime démocratique pro-Union européenne, ils considèrent que la première

1. La révolution ukrainienne de 2014, également dénommée révolution de Maïdan – place centrale de Kiev – ou encore « révolution de février », a eu lieu entre le 18 et le 23 février. Elle s'est déclenchée après que le président ukrainien pro-Russe, Viktor Ianoukovytch, a donné l'ordre d'évacuer la foule des manifestants pro-européens de la place de l'Indépendance. Le 22 février, alors que des rumeurs évoquent sa démission, Viktor Ianoukovytch déclare lors d'une dernière allocution télévisée, qu'il refuse de démissionner et évoque un « coup d'État » en faisant un parallèle avec l'arrivée des nazis en Allemagne. Le jour même, il est destitué par la Rada par 328 députés sur 450. Au terme de ce scrutin, le chef de l'État est déclaré dans l'incapacité constitutionnelle d'exercer ses fonctions. Oleksandr Tourtchynov est nommé président intérimaire jusqu'à la présidentielle du 25 mai 2014. Elle voit l'élection de l'homme d'affaires, Petro Porochenko.

invasion de l'Ukraine n'était qu'une façon de la Russie de répliquer à cette pénétration indue dans son pré carré. Ce type de mouvement « révolutionnaire » ne pouvait qu'être inspiré par l'étranger, en clair, les Américains.

Il est important d'examiner ces arguments car ils resurgissent régulièrement dans le débat[1] pour tenter de couvrir d'innocence et de probité candide la volonté invasive longuement mûrie de Moscou.

Loin de moi l'idée de considérer que la Russie n'aurait aucun grief fondé à l'encontre des Américains ou des Européens, mais ils ne suffisent aucunement à justifier l'injustifiable invasion, même s'ils sont nombreux : non-respect des résolutions de l'ONU sur le conflit israélo-palestinien ; guerre du Kosovo (alors province albanophone de Serbie) sans résolution de l'ONU (1999) ; invasion américaine et de ses alliés (notamment britanniques) en Irak sans mandat de l'ONU et sur fond de mensonges d'État forgés par Washington[2] (2003) ; guerre

1. En France, un certain nombre de généraux du cadre de réserve relaient ces interprétations. Leur hostilité farouche aux États-Unis et à l'OTAN, leur adhésion au bloc de valeurs poutiniennes (régime autoritaire, sabre et goupillon unis, nationalisme exacerbé, rejet des démocraties qui seraient sous domination des minorités, etc.), en ont fait depuis longtemps des relais fidèles et actifs des thèses du Kremlin. L'invasion de l'Ukraine les a mis un peu en difficulté mais ils continuent néanmoins à tenter de relativiser les crimes de Moscou en Ukraine au motif que les États-Unis ne seraient pas un modèle de vertu (ce que l'on ne conteste pas).

2. Devant l'ONU, les Américains expliquent que l'Irak de Saddam Hussein est détentrice d'armes de destruction massive pointées vers l'Occident. La France de Jacques Chirac s'oppose

de Libye outrepassant la résolution de l'ONU qui prévoyait une protection des populations mais pas la chute du régime de Kadhafi (2011), etc. Certes, l'Irakien Saddam Hussein et le colonel libyen Kadhafi ne figuraient pas au panthéon des bienfaiteurs de l'humanité, mais l'exigence de vertu s'impose aux démocraties et n'a pas été pleinement respectée. Même si la liste des crimes de guerre commis par les Russes depuis les guerres de Tchétchénie jusqu'à l'Ukraine, en passant par la Géorgie et la Syrie, est longue comme le bras, les démocrates ne peuvent s'asseoir sur les valeurs qu'ils brandissent. Il va falloir faire mieux dans ce domaine s'ils veulent vraiment marquer leur différence avec les régimes totalitaires et autocratiques, modèles en promotion dans nos temps troublés.

Pour clore la liste des « humiliations » faites à la Russie, il faut en citer une qui est éternellement ruminée par les agitateurs pro-russes : en 1990, lors des négociations sur le retour à l'unité allemande, les Américains auraient promis oralement aux Soviétiques de ne pas élargir l'OTAN. Outre le fait qu'en matière diplomatique les engagements oraux n'ont pas de valeur, cette histoire est fausse. Pour une raison très simple : c'est qu'en 1990 le pacte de Varsovie et l'Union soviétique existaient toujours et que l'idée d'un élargissement de l'OTAN aurait été une vue de l'esprit. Cette perspective, impensable alors, n'a donc

---

fermement à cette folie fondée sur des preuves falsifiées. Voir Pierre Servent, *Les Guerres modernes expliquées aux civils... et aux militaires*, Paris, Buchet-Chastel, 2009.

jamais été évoquée. En revanche, il est vrai que l'ancienne République démocratique allemande (RDA), une fois rattachée à sa sœur occidentale (la RFA), ne devait pas comprendre de forces et d'armements nucléaires de l'OTAN. Or ce fut fait. La faute à qui ? Sans aucun doute au souffle de l'effondrement complet de l'URSS, quelques mois plus tard. Les paroles « verbales » se sont envolées devant la nouvelle dynamique ainsi provoquée par ce vide spectaculaire.

Après l'effondrement de l'empire colonial soviétique, les pays d'Europe centrale et de l'Est, enfin libérés, ont rejoint leur famille européenne après des décennies de captivité. Ils voulaient alors farouchement deux choses : entrer dans l'Union européenne et rejoindre l'OTAN pour la protection de son article 5 (un pour tous, tous pour un), car tous ces pays avaient encore dans leur chair et dans leur mémoire les humiliations en nombre imposées par l'ours russe. La révolution ukrainienne de Maïdan (2014) était notamment destinée à éviter un retour en arrière, du type *back in the USSR*… Fondamentalement il s'agissait d'un rejet farouche, tout particulièrement de la jeunesse, à l'égard d'un glissement furtif vers la Russie et ses valeurs autocratiques et primitives.

La Russie, *persona grata*

À y regarder de plus près, la balance entre humiliation et bonnes grâces faites à Moscou penche très nettement du côté du second *item*. Au regard des faits, et non des fantasmes, la Russie peut difficilement se positionner en victime. Sans pouvoir être exhaustif – tant la liste des seconds est longue – citons quelques données factuelles incontestables. Grâce aux pressions diplomatiques américaines, la Russie est entrée dans le Fonds monétaire international et dans la Banque mondiale (1992), obtenant dans la foulée des dizaines de milliards de dollars de prêts. En 1994, avec l'appui des Américains et des Britanniques, elle signe le « mémorandum de Budapest » : les armes nucléaires de l'Ukraine et de la Biélorussie rejoignent le territoire russe en échange de la reconnaissance du caractère inviolable des frontières de ces pays… La Fédération de Russie a rejoint le G7[1] en 1998, qui devient alors le G8 (il regroupe les puissances les plus industrialisées de la planète, or ce n'est pas le cas de la Russie dont l'industrie ne répond pas à ce critère d'excellence).

Lors de la crise financière et économique (2008), Moscou bénéficie également d'un soutien constant des autorités européennes de Bruxelles. Quant aux relations avec l'Alliance atlantique (OTAN), elles sont restées au beau fixe pendant longtemps. Un partenariat Fédération de Russie-OTAN a été mis en place dès 1991, dans le cadre du partenariat euro-atlantique. En 1994, la Russie a adhéré au programme du Partenariat pour la paix de l'OTAN : les

1. Allemagne, Canada, France, États-Unis, Italie, Japon et Royaume-Uni.

deux entités ont signé plusieurs accords de coopération importants. Selon le propre témoignage de Vladimir Poutine, qui ne se sentait alors pas humilié, Moscou, en 2000, aurait proposé au président Bill Clinton de rejoindre l'OTAN. Le président américain ne se serait pas montré fermé à cette idée. On peut penser que les anciens dominions de l'URSS, alors membres de l'OTAN, n'ont pas envisagé cette perspective avec le même esprit serein. Faire entrer le loup dans la bergerie ne leur a pas semblé une perspective heureuse. Elle a donc avorté.

La saga Russie-OTAN a été encore riche de nombreux événements montrant que loin d'être humiliée, la Russie a été honorée : créé en 2002, le conseil Russie-OTAN a travaillé en bonne harmonie sur les questions de sécurité. Les accords de désarmement (notamment nucléaires) se sont multipliés. La coopération s'est développée : lutte contre le terrorisme, exercices militaires communs, coopération en Afghanistan, y compris pour le transport via l'espace aérien russe du fret et des soldats de la Force internationale d'assistance et de sécurité[1] (FIAS),

---

1. Vladimir Poutine utilisait cette facilité donnée à l'OTAN pour traverser son espace aérien au gré de ses intérêts et de ses humeurs. Si sur un dossier, commercial ou autre, il n'obtenait pas gain de cause, il fermait son espace aérien aux forces de l'OTAN. Projeté comme officier supérieur en Afghanistan, en février-mars 2002, l'auteur en a fait l'expérience directe. Moscou ayant fermé son espace aérien, il n'était plus possible de prendre de Kaboul un vol direct pour la France. Il a fallu passer par Douchanbé (Tadjikistan), prendre un gros porteur américain jusqu'à Ramstein (base de l'US Air Force en Allemagne), puis retour sur Paris via Strasbourg.

action commune contre la production locale de pavot, coopération industrielle, etc. En 2010, les présidents français et russes, Nicolas Sarkozy et Vladimir Poutine, publiaient un communiqué commun : la France fournirait à la Russie deux bâtiments de projection et de commandement (BPC) de type Mistral. À l'époque, l'auteur de ce livre avait relevé le fait que la marine française était très réticente à un tel transfert de technologie vers un régime autoritaire ayant déjà envahi la Tchétchénie et la Géorgie. Après la première invasion de l'Ukraine et l'annexion de la Crimée, l'OTAN a décidé à l'unanimité de suspendre la coopération avec la Fédération de Russie. Le président François Hollande a pris, quant à lui, la sage décision d'annuler la vente des Mistral[1] à Moscou (hué par le Front national, la France insoumise et quelques pseudo-« gaullistes »).

Dialogue de sourds

Pourtant, les ponts n'ont pas été rompus. En février 2017, le ministre des Affaires étrangères, Sergueï Lavrov, avait déclaré souhaiter la reprise de la coopération militaire avec l'OTAN. Toujours cette même année, le président français, Emmanuel Macron, invitait le président russe à Versailles, en majesté, pour

1. Financés par l'Arabie saoudite, les Mistral français arment aujourd'hui la marine égyptienne.

une grande exposition consacrée à Pierre le Grand. Encore prince, il avait été boudé par Louis XIV lors de son séjour en France. Connaissant la passion de Vladimir Poutine pour ce tsar conquérant, le jeune président français entendait, en quelque sorte, réparer l'humiliation dont le futur Pierre Ier avait été victime. Le Français pensait également magnifier ainsi la figure d'un tsar connu pour avoir été fasciné jadis par les valeurs de l'Europe. Mais ce n'est pas cette facette de son lointain prédécesseur que Vladimir Ier semble avoir retenue, lors de la visite de cette exposition, mais plutôt… sa funeste propension à envahir ses voisins.

Deux ans plus tard, au grand dam des démocraties du flanc oriental très inquiètes des bruits de bottes russes, Emmanuel Macron invitait son homologue russe dans un cadre plus intime, au fort de Brégançon, l'une des résidences secondaires des présidents de la République. Le chef d'État français enfonçait donc le clou : pas question de perdre le Russe alors que le tempétueux Trump commençait à donner des sueurs froides aux plus atlantistes des membres de l'UE. Ce faisant, la France, en solo, imprimait à sa politique étrangère une orientation inquiétante. Sûr de sa vision et de son charisme très jupitérien lors de la traditionnelle conférence des ambassadeurs (août 2019), Emmanuel Macron tançait les récalcitrants du Quai d'Orsay : « Je sais que beaucoup d'entre vous se sont formés dans la défiance envers la Russie […]. En général, sur ce sujet, on écoute le président et on fait comme d'habitude. Je ne saurais que vous conseiller de ne pas suivre cette voie. » … sous-entendu, vous avez intérêt à respecter strictement mes directives en la matière.

La volonté française de relancer le dialogue avec Moscou s'est soldée par un échec retentissant (comme les tentatives de médiation de l'Élysée, avant le 24 février 2022). En privé, les deux ministres français des Affaires étrangères et de l'Europe, Jean-Yves Le Drian et Florence Parly, confiaient alors à leurs interlocuteurs qu'ils ne percevaient du côté russe strictement aucune envie de s'engager dans cette voie d'un *reset* diplomatique avec l'Ouest. On fit donc quelques ronds dans l'eau… avant de se résigner à espacer, puis à annuler des rencontres inutiles. La Russie étant un pays au commandement très vertical, il ne fallait pas être grand clerc pour comprendre que le Kremlin se moquait comme d'une guigne de ces velléités de rapprochement et qu'aucun ordre n'avait été donné dans ce sens. Le numéro un russe était déjà sur sa lancée. Depuis longtemps, dans son esprit, il était entré en guerre. Les diplomates du Quai d'Orsay n'avaient finalement pas trop mal analysé les chances de succès de cette relance de dialogue par l'Élysée. En 2022, le chef de l'État annonçait la suppression du corps des diplomates[1]. Pour excès de lucidité ?

1. Les hauts fonctionnaires des Affaires étrangères sont versés dorénavant dans un pot commun d'administrateurs de l'État : ils auront vocation à évoluer d'un ministère à l'autre tout au long de leur carrière. Cette mesure a suscité la colère des diplomates. Pur produit de ce corps, la nouvelle ministre des Affaires étrangères, Catherine Colonna, va devoir mettre en œuvre cette réforme peu

Les relations entre l'Occident et la Russie se sont ensuite dégradées encore plus fortement durant la crise diplomatique russo-ukrainienne entamée en mars 2021. Les Russes ont été invités à quitter le conseil de coopération avec l'OTAN, les trente membres constatant que Moscou s'en servait de plus en plus comme d'une base arrière pour ses activités d'espionnage. Puis est arrivée cette guerre annoncée en Ukraine.

Les plus avertis avaient compris depuis longtemps que le tsar Poutine s'inscrivait dans une tradition historique grand-russe qui ne supporte autour d'elle que des vassaux. Pendant qu'en France, et dans le monde, les relais de Moscou expliquaient à quel point ce pauvre pays était à plaindre, il déployait tous ses « talents » : tentatives d'assassinat de ses opposants ou d'anciens agents secrets, déploiement des mercenaires russes de Wagner[1] en Afrique, guerre informationnelle, cyberattaques contre les processus électoraux aux États-Unis comme en France[2], bombardements en Syrie, etc. « La guerre était déjà là mais on ne voulait pas la voir », explique l'ancien ambassadeur Michel Duclos dans *Le Figaro*.

---

pertinente au regard des besoins de spécialisation de la diplomatie française dans un contexte international particulièrement tendu.

1. Voir en *replay* le remarquable documentaire de France 5 : *Wagner, l'armée de l'ombre de Poutine*, émission « Le Monde en face ».

2. Lors de la rencontre à Versailles avec Poutine, le président Macron y a fait clairement allusion pendant la conférence de presse de clôture, le 29 mai 2017.

3

Dans la tête de Poutine

Une fois que l'on a évacué les discours peu pertinents sur « l'ours russe furieux, acculé à la guerre par la méchanceté foncière des Américains et de leurs valets européens », la question du pourquoi de l'invasion du 24 février demeure. Se mêlent des raisons de fond idéologiques et stratégiques, et une fenêtre d'opportunité tactique. Le choix de l'option guerre pour dominer son environnement proche et pour peser sur les affaires internationales est chez Vladimir Poutine le fruit d'une maturation ancienne et non un accident de l'Histoire. C'est un axe articulé sur une idéologie, sur une lecture du passé et des rapports de force dans le monde. L'homme du Kremlin est convaincu depuis longtemps que les temps nouveaux seront forgés par des hommes dotés de la capacité de recomposition des espaces de puissance. Avec son ami chinois, il estime que le temps de la domination américaine est révolu, que celui des démocraties n'a guère plus d'avenir.

Avec une grande perspicacité, la journaliste Anna Politkovskaïa analysait ainsi Vladimir Poutine : « Il a la personnalité terne d'un lieutenant-colonel [du KGB] qui n'a jamais réussi à atteindre le rang de colonel, les manières d'un homme des services secrets russes habitué à espionner ses collègues [...]. La société russe a fait montre d'une apathie sans borne et lui a offert la complaisance dont il avait besoin. Nous avons répondu à ses actes et à ses discours par la léthargie et, pis, par la peur. À mesure que les "tchékistes" [police politique créée par les bolcheviks en 1917] phagocytaient le pouvoir, nous leur avons laissé voir notre peur, et, ce faisant, nous les avons encouragés à nous traiter comme du bétail [...]. La Russie a déjà eu des dirigeants de cette espèce. Chaque fois, cela nous a conduits à la tragédie, à des bains de sang, à des guerres civiles[1]. »

La culture des siloviki[2]

La violence – et la peur qu'elle génère – fait partie de la panoplie de l'ancien espion du KGB soviétique. Seuls les faibles la redoutent. D'où une propension, moquée en Occident, à apparaître sous les jours les plus virils et les plus guerriers : Poutine torse nu à cheval, Poutine

1. Anna Politkovskaïa, *La Russie selon Poutine*, Buchet-Chastel, 2005.

2. Membres ou anciens membres de l'appareil militaire ou sécuritaire russe.

chasseur, pêcheur, hockeyeur, judoka… Poutine en symbole phallique, devant des missiles hypersoniques toujours plus imposants, capables de rayer des pays entiers de la planète en quelques poignées de secondes. Comme Adolf Hitler dans les années 1930, il a pour les démocraties le mépris le plus abyssal. De tout temps, le fort prend ce qui lui est dû. Comme disent certains jeunes, il ne « calcule » même pas l'Union européenne, tout juste bonne, hier, à lui acheter du gaz et du pétrole.

Lors de la fausse séquence diplomatique qu'il avait ouverte fin 2021, ses interlocuteurs étaient uniquement l'OTAN ou les États-Unis, jamais Bruxelles. Pour lui, l'Union européenne est le symbole de la décadence de l'Occident chrétien vendu au lobby LGBT, vassale des Américains, incapable de regarder la mort en face (en dehors de la France et de la Grande-Bretagne).

Cette construction mentale semble s'être aggravée avec les effets de l'âge et la pandémie de la Covid (peur de la contamination, enfermement dans sa datcha de Sotchi). Mais les racines sont plus anciennes et remontent aux années de jeunesse et de formation dans la rue. C'est d'abord la marque psychologique des groupes de malfrats qu'il fréquentait dans sa jeunesse à Leningrad. Plutôt fluet, il lui a fallu faire beaucoup d'efforts (musculation, sports de combat) pour s'imposer comme chef de bande. Poutine a profondément aimé ce rôle de mâle dominant. Il en est imprégné. Ne pas prendre en compte cela, c'est ne rien comprendre au tsar Vladimir Ier. L'entrée au KGB de l'époque soviétique a représenté pour lui un idéal permettant de conjuguer son côté « caïd affranchi des règles » avec une grande cause, celle de la puissante Union soviétique. Dans cet univers viril se trouvait développé le culte des « vrais hommes ». On imagine assez bien ce que recouvre ce concept : modèle patriarcal, mépris pour les homosexuels, soumission de la femme qui, que ça lui plaise ou non, devra s'y faire…, comme le dit une chanson populaire russe qu'il n'hésite pas à évoquer dans des conférences de presse. Le maître du Kremlin est un nostalgique de ces « valeurs » d'un autre temps.

Une autre donnée sociologique vient renforcer cette culture des siloviki omniprésente autour de lui. Un éclairage – puisé dans la remarquable série d'émissions de Philippe Colin[1] – montre que la Russie a été profondément imprégnée par la culture du goulag[2]. Ce système d'enfermement créé par Staline a esclavagisé

1. Philippe Colin, *Poutine, le tsar rouge*, podcasts de France Inter.

2. Le goulag était l'organisme central gérant les camps de travail forcé en Union soviétique. La police politique (le NKVD) avait été placée par Staline à la tête de ce système concentrationnaire, à la fois instrument de terreur et outil d'expansion industrielle (construction de routes, de voies de chemin de fer, exploitation de mines, etc.). Instaurée dans les années 1930, cette administration pénitentiaire connut une croissance constante jusqu'à la mort de Staline (1953), à mesure que de nouveaux groupes étaient incarcérés et déportés et que ses prérogatives économiques se développaient. Cet « archipel », pour reprendre l'expression de Soljenitsyne, a broyé pendant un quart de siècle des hommes et des femmes arrêtés de façon totalement arbitraire.

des millions de citoyens. Les historiens estiment que, durant son existence, environ le quart de la population russe est passé par cet univers concentrationnaire. Or, il était régi par un système « dominant-dominé » intégré par les prisonniers pour survivre. Déjà marqué par une longue histoire maîtres-serfs, jusqu'au milieu du XIXe siècle, l'ADN russe a baigné durablement dans cet effroyable modèle. On en retrouve des traces aujourd'hui partout dans la société russe. Le directeur général franco-norvégien d'un grand groupe international, qui a travaillé sept années en Russie, en témoigne devant nous : « Il est très difficile de faire des affaires là-bas. Le concept du deal “gagnant-gagnant” leur est étranger. Il faut qu'il y ait un vainqueur et un perdant. S'ils ont le sentiment de ne pas être le dominant de l'accord, ils sont capables de tout envoyer promener, même si, au final, ils vont s'en retrouver les plus pénalisés. Pour signer, il faut leur faire croire que ce sont eux qui ont eu le dessus. »

Les trois coups de brigadier

Pour revenir à notre question initiale, pourquoi le tsar Poutine est-il entré en guerre le 24 février 2022 ? Plusieurs événements l'ont conduit à penser que le moment était venu de passer une nouvelle fois à l'attaque. Mais cette fois pour faire tomber dans son giron l'Ukraine dans son ensemble, avant de s'intéresser éventuellement à la Moldavie[1] et à la Géorgie[2].

En 2014, sa décision d'envahir la Crimée, puis de l'annexer à la Fédération de Russie et d'aider militairement les sécessionnistes du Donbass était corrélée avec le constat qu'il avait fait qu'il n'y avait plus de pilote dans l'avion américain. Le gendarme de Washington ne voulant plus gendarmer, chacun pouvait prendre ses aises. Extrêmement sensible aux rapports de force, à la virilité militaire, à l'occupation des créneaux internationaux laissés vacants par le clan occidental, il n'avait pas été très compliqué pour lui de constater que le juriste Barak Obama, adulé en Europe, était tout sauf un foudre de guerre. Pis, pour ne pas frayer avec la violence, le président américain était allé jusqu'à renier sa parole, en 2013. Il avait averti solennellement le dictateur syrien, Bachar el-Assad,

---

1. La Russie est militairement présente en Transnistrie depuis trente ans. En 1991, une guerre civile a éclaté entre Moldaves (à majorité roumanophone) et séparatistes pro-russes (russophones). Un cessez-le-feu est décrété l'année suivante : la Moldavie perd 17 % de sa population et un tiers de son PIB. Moscou y installe des bases permanentes (1 500 soldats) et des quantités importantes d'armes et de munitions. À la fin du mois d'avril 2022, des explosions côté pro-russe ont pu faire craindre une extension du conflit dans cette zone. Moscou et Kiev se sont renvoyé la balle de la responsabilité de ces actes de sabotage. En mai, Chisniau (l'ancienne Chisniev) demandait officiellement à entrer dans l'Union européenne.

2. La Russie est militairement présente dans les zones séparatistes d'Abkhazie et d'Ossétie du Sud, depuis 2008.

qu'en cas d'utilisation de l'arme chimique contre sa population, une « ligne rouge » serait franchie et que cela serait susceptible d'entraîner une réaction appropriée : en clair, des frappes militaires. Le 21 août, le régime criminel syrien (à l'époque soutenu en sous-main par Moscou et ouvertement par l'Iran) utilise l'arme chimique contre des civils endormis, dans la grande banlieue de Damas. Une horrible boucherie. Une force militaire tripartite, États-Unis, France, Grande-Bretagne, se constitue avec l'objectif de frapper le régime, notamment au travers de tout ce qui touche au chimique. Finalement, le Britannique David Cameron fait défection, bientôt suivi par un Barak Obama empêtré dans ses promesses de sortie de guerre (Irak, Afghanistan) et son pacifisme bon teint. Le Français François Hollande se retrouve seul, ce qui n'a plus guère de sens. Sans compter que l'US Air Force devait traiter 80 % des cibles…

Sautant sur l'occasion, Vladimir Poutine propose alors très habilement de jouer les intermédiaires et de garantir la destruction des stocks d'armes chimiques syriennes. Avec un lâche soulagement, l'Américain Obama avalise un tel scénario. Poutine comprend dès lors qu'il n'aura jamais rien à craindre d'un tel tigre de papier. L'année suivante, il envahit le sud de l'Ukraine et, en 2015, il entre en guerre ouvertement aux côtés des Syriens, sauvant Bachar el-Assad d'une chute annoncée. L'ancien président américain porte l'énorme responsabilité historique d'avoir renforcé le clan russe, tout en préservant celui du criminel de guerre Bachar el-Assad. Un fiasco !

Le *non possumus* américain

Ces rappels sont essentiels pour comprendre la volonté du Russe de rééditer en 2022 la même séquence : cette fois, le président à la tête des États-Unis, Joe Biden, est âgé (né en 1942) et a été proclamé vainqueur dans des conditions chaotiques. Il est en outre l'ancien vice-président de… Barak Obama, lors des épisodes précédents. Cette parenté politique Biden-Obama était pour le Kremlin la garantie d'un nouveau *non possumus* (nous ne pouvons pas) américain, s'il poussait ses feux vers toute l'Ukraine. Le cadre était donc idéal pour une nouvelle opération, sachant que, par ailleurs, la Biélorussie était devenue entre-temps un pays allié et aligné, Moscou ayant sauvé la mise au président Loukachenko, battu dans les urnes en 2020, mais maintenu au pouvoir grâce à l'influence des services secrets russes. Voilà pour le cadre général.

Enfin, trois dates clés ont constitué comme un écrin pour la décision finale : le 6 janvier (invasion du Capitole par les militants pro-Trump), le 21 octobre (première frappe dans la partie du Donbass pro-russe des drones armés turcs fournis à Kiev), et le 15 août 2021 (prise de Kaboul par les talibans sur fond de déconfiture américaine). Ces dates ont été des accélérateurs de particules guerrières pour le Kremlin. Vladimir Poutine a considéré que les première et troisième dates étaient, une nouvelle fois, le symbole d'un déclin américain irréversible. Dirigée par un « vieux » président, cette démocratie malade de ses maux internes resterait immanquablement aux abandonnés absents. Quant à l'Europe, l'impuissance même à ses yeux, elle protesterait, puis se coucherait pour ne pas priver ses populations fatiguées par la pandémie de ses ressources énergétiques relativement bon marché.

Un *game changer*

La deuxième date mérite quelques mots d'explication. Elle symbolise assez la complexité de l'époque et fait apparaître un autre protagoniste, particulièrement retors. Puissance de la mer Noire et de la Méditerranée, la Turquie du sultan Erdoğan est tenaillée par des rêves de puissance néo-ottomans. Ne reculant devant aucun paradoxe pour se hausser du col, Recep Tayyip Erdoğan, membre important et historique de l'OTAN, s'est mis en tête, il y a quelques années, d'acheter à la Russie des systèmes sophistiqués de défense sol-air (les S 400), parfaitement calibrés pour abattre éventuellement un jour des avions de l'OTAN.

En 2019, les affaires étant les affaires, les Turcs se sont rapprochés des Ukrainiens pour leur proposer leur drone armé de renommée mondiale : le Bayraktar

TB2[1] (cinq millions de dollars pièce). Sa capacité d'observation (autonomie de vingt-sept heures dans le ciel) et sa puissance de feu (quatre missiles) en font une arme redoutable, souvent présentée dans la presse comme la « star des drones ». Le 21 octobre 2021, cette « star » aérienne détruisait pour la première fois une batterie d'artillerie servie par des séparatistes ukrainiens pro-russes. Il n'en fallait pas plus pour que le Kremlin comprenne qu'il y avait là un *game changer* (un élément qui modifie sensiblement la donne) : il pourrait donner à Kiev un atout décisif pour reprendre les territoires sécessionnistes sponsorisés par Moscou (environ 8 % du Donbass).

La menace était d'autant plus tangible que les Turcs avaient proposé, deux ans plus tôt, à leur client ukrainien de devenir partenaire. Héritier d'une solide industrie aéronautique soviétique (notamment dans la région de Dniepro, sud de l'Ukraine, régulièrement bombardée aujourd'hui), Kiev pouvait apporter à Ankara un savoir-faire susceptible de donner naissance à de nouveaux bijoux combinant les capacités des deux pays. Une société mixte mariant l'industriel turc Baykar au bureau d'études ukrainien Ivtchenko avait été mise sur les rails pour produire des drones armés de nouvelle génération. La deuxième guerre d'Ukraine est

1. Il peut être piloté par liaison satellitaire, empêchant les brouillages. Il dispose d'un désignateur laser qui lui assure une très grande précision pour « illuminer » (désigner) une cible, puis la détruire avec la plus petite marge d'erreur.

intervenue avant que cet attelage ne produise ses effets. Et cela ne doit rien au hasard.

La décision d'entrée en guerre totale, selon moi, a été prise définitivement par Poutine après la déconfiture américaine en Afghanistan (été 2021)[1]. Compte tenu de l'importance de l'allié chinois dans cette entreprise prédatrice, il n'était pas possible de perturber les jeux de Pékin par une atmosphère internationale guerrière. La fenêtre de tir se situait donc après leur clôture (soit le 20 février). Il ne restait plus ensuite qu'à construire

1. Le 11 janvier 2021, lors de l'émission sur France 5 « C dans l'air », j'expliquais pourquoi et comment le maître du Kremlin se préparait à envahir l'Ukraine. J'ai persévéré dans cette analyse, qui était alors ultra-minoritaire, notamment sur les plateaux de France 24. L'immense majorité des spécialistes de la question ont expliqué, pendant des semaines, que Vladimir Poutine n'envahirait jamais l'Ukraine. Hélène Carrère d'Encausse (dans *Le Point*), Renaud Girard (dans *Le Figaro),* et bien d'autres sur les plateaux de télévision, étaient également sur cette position définitive : la guerre d'Ukraine n'aurait pas lieu ! La peur de la guerre était sans doute le principal fondement de ces analyses… Seuls les journalistes du *Monde*, Alain Frachon (ancien chef du service étranger de ce quotidien) – notamment dans un article daté du 7 janvier – et Isabelle Mandraud (ancienne correspondante à Moscou pour ce quotidien), le professeur de Sciences Po, Julien Théron (co-auteur avec Isabelle Mandraud de l'ouvrage : *Poutine, la stratégie du désordre*, Tallandier) et l'ancien ambassadeur Gilles Andréani développaient la même analyse que l'auteur de ce livre.

Voir Alain Frachon, *Un autre monde. L'ère des dictateurs*, Perrin, 2022, et Gilles Andréani : *Ukraine, la guerre annoncée de Poutine* (mis en ligne le 9 janvier 2022), http://www. telos-eu/fr/politique-française-et-internationale/ukraine-laguerre-annoncée-de-Vladimir-Poutine.html.

un rétroplanning, à masser des troupes pour des « exercices », à inventer ce que j'ai appelé, durant toute cette période, une « scénographie diplomatique bidon » dans la plus pure tradition soviétique. Elle consistait à se draper dans les plis de la victime pour avancer poignard en main, à souffler alternativement le chaud et le froid, enfin, à multiplier les mensonges les plus éhontés. Sergueï Lavrov s'employait à dénoncer « l'hystérie occidentale » quand les Américains annonçaient *urbi et orbi* que l'invasion russe de l'Ukraine était déjà programmée.

Duplicité, duplicité… Après une énième rencontre avec le président français, Vladimir Poutine faisait croire à Emmanuel Macron qu'il allait desserrer l'étau. Soulagée, la presse occidentale relayait les images de quelques blindés russes réembarqués sur des plateformes ferroviaires tandis qu'au même moment, le Kremlin envoyait à Kaliningrad (enclave russe sur la mer Baltique) de nouveaux lance-missiles pouvant menacer toutes les capitales européennes. L'essentiel était de pouvoir dire à la population russe et aux alliés de Moscou : regardez, nous avons tout fait pour éviter la guerre ! Le 24 février, le masque tombait.

4

Jeu d'échecs et poker menteur

Les Russes sont passés maîtres dans l'art du jeu d'échecs. Poutine s'y adonne à sa façon, en y apportant sa touche personnelle de spécialiste du poker menteur. Dans quel état se trouve le plateau ukrainien depuis que le roi de Moscou a envoyé toutes ses pièces rouges attaquer la reine du camp bleu et jaune ? Il faut distinguer le global (le stratégique) du local (le tactique). Même si la guerre n'est pas encore achevée en Ukraine – elle ne le sera pas avant longtemps, très longtemps sans doute… sauf surprise –, les renversements de perspective internationale sont déjà impressionnants. Ils prennent l'allure de revers stratégiques cuisants pour le dictateur russe. Ainsi a-t-on assisté au renforcement de l'OTAN et à son élargissement (tant honni par Poutine), avec la demande d'adhésion de la Suède et de la Finlande[1].

1. De fait, on est loin du constat, plutôt fondé en 2019, du président français sur « l'état de mort cérébrale de l'OTAN ». Le président

L'Organisation du traité de l'Atlantique Nord va compter désormais trente-deux pays. L'Union européenne coïncide presque parfaitement avec elle : vingt-trois pays des vingt-sept de l'UE en font partie. Le Danemark, qui avait négocié à Maastricht (1992) une exception (*opting out*) en matière de défense, a décidé de rejoindre les structures de défense de l'Union européenne. « Dans un continent en guerre, le Danemark est trop petit pour rester seul », ont fait valoir les autorités du pays, massivement soutenues par les partis politiques et l'opinion publique. Que dire de l'Allemagne qui a tourné le dos à soixante-dix-sept ans de pacifisme pour se réarmer ? Ces mutations ne sont pas sans importance quand on sait que l'Union européenne a un dispositif d'assurance militaire mutuel (comme au sein de l'OTAN) du type : « Un pour tous, tous pour un. »

Bascules stratégiques

Là où Poutine attendait une débandade généralisée, l'Union européenne a fait preuve de courage économique (les lourdes sanctions prises contre Moscou), et s'est mise en ordre de bataille pour se désintoxiquer du gaz et du pétrole[1] russes. Cela ne va pas sans accroc ni tension

demandait notamment que les objectifs stratégiques de l'OTAN soient « clarifiés ». Vladimir Poutine y a puissamment contribué…

1. L'Union européenne a prévu de se passer de 90 % du pétrole russe fin 2022.

(la Hongrie de Viktor Orbán joue en solo), mais elle s'est engagée sur un chemin vertueux. Espérons que la sobriété énergétique imposée par la guerre conduise à accomplir une véritable révolution écologique. Faisons de cette contrainte imposée par la Russie, qui ouvre ou ferme le robinet du gaz selon son humeur[1], une formidable opportunité. Même si elle affiche encore des fragilités, notamment à cause de sa dépendance au gaz russe, l'Union européenne manifeste un soutien militaire courageux et efficace à l'Ukraine. Enfin, on a pu constater le renforcement de la posture nucléaire pour les pays dotés[2]. Cela est très utile quand on sait que Poutine ne comprend que le rapport de force.

1. La Russie fournissait aux Européens 150 milliards de m^3 de gaz en 2021, soit 40 % des importations de l'UE. Gazprom a réduit sa fourniture de 30 % dès le début de la guerre, faisant s'envoler les prix. Depuis, Moscou ouvre ou ferme le robinet, prétextant des travaux, reprochant aux Européens de ne pas fournir les pièces nécessaires à Nord Stream 1 pour la maintenance… L'UE s'est rapprochée de l'Azerbaïdjan pour trouver un producteur de gaz de substitution. Bakou va pouvoir fournir 12 milliards de m^3, au grand dam des associations humanitaires et des mouvements des droits de l'homme qui dénoncent un régime politique peu recommandable sur ces questions.

2. Au début du conflit, la France aurait eu à la mer non pas un seul sous-marin nucléaire lanceur d'engins (en l'occurrence 16 missiles nucléaires balistiques intercontinentaux), qui assure la permanence de la posture de dissuasion nucléaire, mais trois sur les quatre qu'elle possède. L'information n'a pas été confirmée par les autorités françaises mais semble vraisemblable. Cette posture discrète était destinée à répondre implicitement à un président Poutine ne cessant de brandir la menace du feu nucléaire pour appuyer psychologiquement son offensive conventionnelle.

Pour leur part, les États-Unis ont réalisé un spectaculaire retour en Europe, alors qu'ils avaient opéré, depuis des années, un mouvement pivotant vers l'Asie[1] (les yeux rivés sur le défi chinois). Alain Frachon, du *Monde*, constate que « Poutine a remis la Russie au cœur des préoccupations stratégiques des États-Unis[2] ». Et les Américains sont là, à nouveau, pour longtemps. Force est de constater que même si l'Europe se réarme mentalement et budgétairement, sans eux elle aurait été incapable d'aider aussi substantiellement[3] la malheureuse Ukraine. Pour les pays du flanc oriental de l'Union européenne, plus que jamais le parapluie américain demeure le seul valable face au retour offensif de l'ex-Empire russe. Seule l'expérience Trump leur rappelle que compter uniquement sur Washington est un rêve dangereux. Sauront-ils s'en souvenir quand il faudra renforcer l'Europe de la défense ?

Tout ce que je viens d'évoquer constitue autant d'échecs stratégiques pour l'apprenti sorcier russe. S'il n'y avait l'étendue des destructions et des crimes russes en Ukraine, on serait presque tenté de lui dire « merci ». Mais le maître du Kremlin n'est pas encore complètement défait même si ses troupes enregistrent

1. Les forces américaines sont passées de 40 000 à 100 000 hommes projetés en Europe, notamment dans les pays du flanc oriental de l'OTAN.

2. Alain Frachon, *Un autre monde*, *op. cit.*

3. Les Américains fournissent 80 % de l'effort financier en direction de Kiev.

échec sur échec depuis la fin de l'été 2022. Arc-bouté sur son mépris d'airain pour l'Union européenne, bénéficiant de relais dans le monde (en Afrique, en Asie centrale, en Amérique latine et au Proche-Orient, notamment), entretenant auprès de sa population la peur fantasmée d'une destruction programmée de la « russité » et affichant avec constance la négation de l'existence même de l'Ukraine en dehors de son giron, il s'est engagé dans un projet de longue haleine. Il ne lâchera pas : pas seulement parce que son tempérament l'en détourne, mais surtout parce qu'un échec militaire définitif sur le terrain pourrait signifier un risque majeur pour son maintien au pouvoir. Le tsar Poutine a longuement médité le sort de Nicolas II, emporté par les revers militaires de la Première Guerre mondiale[1]. Le chef qui concentre tous les pouvoirs sur sa personne, qui abreuve le peuple d'un culte de la personnalité échevelé, ne peut échouer. Cela ne fait pas partie de sa grammaire, surtout quand on a assisté en première ligne, en République démocratique allemande (RDA), à la chute de l'empire soviétique[2].

Même si son ministre des Affaires étrangères, Sergueï Lavrov, personnellement visé par les sanctions, est obligé de faire des crochets dans le ciel pour ses tournées internationales, Vladimir Poutine considère

1. Sur ordre de Lénine, il sera assassiné avec son épouse, ses cinq enfants et sa suite par les bolcheviks en juillet 1918, à Ekaterinbourg.

2. En poste à Dresde (RDA), l'agent du KGB Poutine assiste à l'effondrement du bloc soviétique.

que son pays n'est pas isolé et que son économie résiste mieux que prévu aux représailles. Enfin, il compte sur les rigueurs de l'hiver 2022-2023 pour fragiliser les populations européennes frigorifiées et les industriels pénalisés par un accès trop coûteux aux énergies fossiles. Il mise sur l'usure politique des gouvernements de l'Ouest dans la durée. Il est intimement convaincu que la résilience et la résistance à la souffrance sont du côté russe. Il espère également que sa domination sur 16 à 18 % du territoire ukrainien (devenu russe d'un coup de baguette magique référendaire), son vol pur et simple de la mer d'Azov, la pression qu'il exerce sur le grand port stratégique d'Odessa feront oublier le spectacle pitoyable de sa campagne qui tourne à la débandade dans l'Est et le Sud du pays.

Le premier cercle

Campant sur une ligne prudente, je me garderai de spéculer sur « la fin de Poutine » : maladie, mort brutale, coup d'État, tout cela a été agité à maintes reprises dans les premiers mois de la guerre. « Les élites [russes] sont lâches, explique Dmitri Muratov, cofondateur et rédacteur en chef de *Novaïa Gazeta* (prix Nobel de la paix 2021), désormais en exil. Le Kremlin est semblable à l'équipage d'un sous-marin. Il n'a aucun moyen de s'en échapper. Personne ne peut quitter le navire. Et il n'y a pas de divisions au sein des élites.

Tenter d'en créer et espérer un changement à ce niveau n'a absolument aucune chance de succès[1]. » « Tous les membres de son clan sont corrompus. La corruption, qui est la base de son pouvoir, entrave le bon fonctionnement des institutions et des armées[2] », souligne, quant à lui, Mikhaïl Khodorkovski, ancien oligarque en exil. Lui qui a bien connu Poutine à ses débuts, avant de faire de la prison pour « escroquerie », affirme : « Poutine est l'ennemi du monde occidental. Non pas parce qu'il lui inspirerait je ne sais quelle réaction de rejet, mais simplement parce qu'il a besoin d'un ennemi pour sauver son pouvoir. De la même manière qu'il a besoin d'une guerre pour doper sa popularité. Pour la dernière fois, je supplie les Occidentaux de comprendre que, s'ils ne stoppent pas Poutine, celui-ci, sans la moindre hésitation, recommencera ! »

Les services de renseignement occidentaux suivent évidemment de très près la cartographie du pouvoir poutinien. J'ai pu consulter l'un de ces documents qui montre la fluctuation de la cote de popularité des uns et des autres dans l'esprit du tsar, personnage central de la galaxie. Certains montent, d'autres stagnent ou régressent… et tentent de revenir dans la partie. Ainsi, les observateurs ont pu noter que l'ancien président Dmitri Medvedev[3], aujourd'hui vice-président du

1. *Politique internationale*, nº 176, été 2022.

2. *Ibid.*

3. Dmitri Medvedev avait été élu à la présidence de la Fédération de Russie en 2008, Vladimir Poutine étant président du

Conseil de sécurité, multipliait depuis le début de la guerre les invectives et les propos vindicatifs à l'encontre de l'Ukraine et de l'Europe. Lui, qui était apparu très courtois et policé jadis, s'est mué en machine à insultes. Il ne cesse de dénoncer « les salopards de Kiev ». « Je hais [les Occidentaux], ce sont des dégénérés et des bâtards[1]. » Quand on pense qu'il avait été perçu par eux comme un chef d'État russe moderne, amateur de groupes rock et de numérique ! Au point que certaines capitales occidentales avaient commencé à rêver d'une substitution durable entre lui et Poutine. En 2011, il n'avait pas mis son veto de membre permanent du Conseil de sécurité à la résolution contre la Libye (Poutine lui en veut encore, semble-t-il, pour cela). Donc, depuis le début de la guerre, Medvedev est en session de rattrapage. Il s'est mis dans le sillage du chef et de son premier cercle qui alternent accusations grossières, rodomontades grotesques et petites phrases de terreur sur les pouvoirs dévastateurs du nucléaire.

Il a expliqué que le projet russe initial dépassait largement l'Ukraine : « L'objectif est la paix des générations futures d'Ukrainiens eux-mêmes et la

---

gouvernement (Premier ministre). Il s'agissait alors d'un simple arrangement technique entre les deux hommes, la Constitution empêchant alors Poutine de briguer un troisième mandat. Redevenu président en 2012, Poutine a choisi Medvedev comme Premier ministre (2012-2020). Des allers-retours dignes des républiques bananières.

1. *Le Monde*, 19 août 2022.

possibilité de construire enfin une Eurasie ouverte, de Lisbonne à Vladivostok[1]. » Le plus sûr est sans doute pour lui de faire du « copier-coller » avec la pensée de Poutine qui expliquait en 2016 que « les frontières de la Russie ne se termin[ai]ent nulle part ». Et en 2022, « nous allons commencer notre prochaine campagne pour restaurer les frontières de notre pays, lesquelles, comme on le sait, n'ont pas de limites[2] ». Mais l'art du courtisan n'est pas de tout repos sous les coupoles dorées du Kremlin. Le maître a dû estimer qu'il n'était pas de bon ton d'afficher aussi nettement son effet stratégique final ou que ce n'était pas à un troisième couteau de le faire avant lui, car, après la publication de son propos expansionniste sur VKontakte[3], Medvedev a dû expliquer que ses propos avaient été piratés. Et on ne voit pour l'heure aucun signe extérieur de son réadoubement : sa vindicte cynique, fanfaronne et belliqueuse sera-t-elle suffisante pour remonter vers le cœur du réacteur ?

Comme n'importe quel monarque, Poutine doit savourer ces contorsions serviles d'un homme de paille (donc inflammable…) qui lui offre sa dignité en pâture pour tenter de rester dans la course. Medvedev n'est d'ailleurs pas le seul à espérer retrouver le soleil. D'autres, comme le chef des services secrets extérieurs

1. *Ibid.*
2. *Ibid.*
3. Le 1er août 2022. VKontakte est un réseau russe sur le modèle de Facebook.

(le SVR), Sergueï Narychkine, ont perdu sinon l'accès au Kremlin du moins la confiance du tsar. Il lui est reproché de l'avoir mal renseigné sur l'état d'esprit des Ukrainiens et sur la faisabilité d'une guerre éclair. D'autres sont solidement en place et toisent les courtisans démonétisés qui tentent de revenir en grâce. Mais ils ne sont guère nombreux, comme me l'a expliqué un fin connaisseur des arcanes du pouvoir russe, habitué du monde du secret : « Il n'y a pas plus de quatre à cinq personnes qui aient vraiment un accès à Poutine[1]. » Il a ajouté, pour dissiper certains fantasmes sur le pouvoir russe : « Le président russe n'est pas fou et il n'est pas entouré de fous[2] ! » Cette hypothèse, relayée par les médias, n'a d'ailleurs pas trouvé confirmation après un passage au crible de centaines d'heures de vidéos du président russe par les services secrets américains. Les spécialistes consultés (psychiatre, comportementaliste, etc.) ont été incapables de déduire quelque chose de sérieux sur ses supposés maladies ou troubles.

Dans le premier cercle du pouvoir russe, on trouve donc assez peu de monde. Nikolaï Patrouchev, secrétaire du Conseil de sécurité, a l'oreille du tsar. Certains voient même dans cet idéologue de la « Grande Russie éternelle », farouche contempteur de l'Occident décadent, un dauphin potentiel. Mais ce delphinat

1. Entretien avec l'auteur.
2. *Ibid.*

hypothétique n'est jamais évoqué à voix haute. Les despotes ne sont-ils pas immortels ? Seul le tsarévitch peut espérer un jour devenir tsar à la place du tsar. Or, en l'espèce, il n'y en a pas. Né en 1951, Patrouchev est de la même génération que Poutine (1952). Il a toute sa confiance depuis le début de son règne : alors chargé du contre-terrorisme, il avait eu à gérer les attentats de Moscou (1999), très rapidement attribués par le pouvoir aux Tchétchènes (certains observateurs pensent qu'il en a été, en fait, l'instigateur pour densifier le profil de « chef de guerre » de Poutine).

Elvira Nabiullina, cinquante-huit ans, est la directrice de la Banque centrale russe. Un poste exposé qui lui vaut également la confiance du patron. C'est elle qui négocie avec les Iraniens et les Chinois les meilleures voies de contournement des sanctions écartant Moscou du système bancaire international (Swift). Dmitri Kozak, soixante-trois ans, secrétaire général adjoint du Kremlin, était l'œil de Moscou sur les républiques sécessionnistes auto-proclamées d'Ukraine. Il semble que son étoile ait pâli ces derniers temps : le raccordement à la Russie de ces provinces ont trop tardé à venir, tout comme celui de Zaporijia et de Kherson. Le 30 septembre 2022, au cours d'une cérémonie grandiose, dans la salle de 1 200 mètres carrés de l'Ordre de Saint-Georges, le tsar Poutine a pu enfin célébrer le rattachement à la Sainte Russie des quatre provinces ukrainiennes volées. Quarante-huit heures plus tard, les forces de Kiev reprenaient d'un seul coup de rein la ville stratégique de Liman (Donbass), infligeant à cette farce des annexions un cinglant camouflet. Poutine souhaiterait avoir avalé tout cela définitivement avant la fin 2022.

Roi des médias et maître queux

Au nombre des visiteurs du soir, on relève également la présence de Iouri Kovaltchouk, surnommé le « roi des médias ». Pour tous les régimes totalitaires, la propagande est un vecteur fondamental d'asservissement et de manipulation. Cet oligarque, né en 1951, banquier (principal actionnaire de la banque Rossia), hommes de médias et d'affaires, roule pour Poutine depuis longtemps. Il fait partie des personnalités russes inscrites par les Occidentaux sur leur liste des *personæ non gratæ* après la première invasion de l'Ukraine (2014).

Personnage plus haut en couleur que le précédent, Evgueni Prigogine, soixante et un ans, a fait de la prison à l'époque soviétique pour différents trafics. Il s'est lancé ensuite dans la restauration et est parvenu à décrocher des contrats de cantine au Kremlin. Il passe pour être devenu ensuite le « cuisinier de Poutine ». Mais l'homme ne manie pas seulement les fourneaux et les casseroles. Il a financé en 2014 le groupe de mercenaires Wagner qui est aux ordres du Kremlin pour ses basses œuvres à l'étranger (Afrique[1], Syrie, Ukraine). Prigogine a également créé un empire de presse avec plus de cent trente titres qui distillent la pensée nationaliste du Kremlin. La population russe la plus âgée adore ses émissions tapageuses. Elle est également branchée sur les médias d'État et croit massivement à la fable de la guerre patriotique contre les nouveaux nazis et les drogués de Kiev.

L'embrigadement mental des plus jeunes Russes, et même de plusieurs dizaines de milliers de jeunes Ukrainiens arrachés à leur pays, n'est pas oublié par le groupe Prigogine. Il constitue une ligne de force du projet totalitaire de Poutine qui fait furieusement penser à celui du régime nazi. Les initiations militaires se multiplient pour la jeune garde montante, souvent déguisée en soldats de l'Armée rouge terrassant les nazis. Les films et documentaires sur la « grande guerre patriotique[2] » contre les nazis sont omniprésents dans les contenus validés par le Kremlin.

---

1. Les Wagner y mènent un combat informationnel et manipulatoire très actif contre la France, tout particulièrement au Mali. Au point que la junte putschiste au pouvoir, qui leur a donné les clés du pays, a complètement adopté les codes de propagande des Russes : elle accuse ainsi régulièrement la France (qui a quitté le pays) de fournir des armes aux groupes terroristes djihadistes. Calomnier, calomnier…

2. Cette expression, omniprésente dans le discours officiel et populaire russe, tend à magnifier l'engagement soviétique contre l'Allemagne nazie à partir de 1941. Il est d'autant plus surligné qu'il s'agit pour les autorités de faire oublier l'alliance Berlin-Moscou de 1939 à 1941 et les innombrables

À l'occasion, le maître queux Prigogine fait également le pont avec l'ultra-droite nationaliste. C'est ainsi qu'il a noué des relations avec Alexandre Douguine, soixante ans. L'homme au look de messie grand-russe a créé un parti « national-bolchevique » dont l'intitulé dit, à lui tout seul, la couleur de l'objet[1]. Sa fille, Daria Douguina, a été tuée en août 2022 dans un mystérieux attentat[2] à la voiture piégée qui visait certainement son père, dont elle partageait les idées et le combat pour une rupture totale avec l'Occident décadent et pour une bascule vers l'Euro-Asie. Lors des obsèques, rassemblant la crème des mouvements radicaux de droite et de gauche, Vladimir Poutine s'est fendu d'un message de condoléances, saluant le patriotisme de la disparue. Pour autant, il regarde ce courant brun-rouge avec circonspection. Il sait qu'en son sein, certains le trouvent trop mou en Ukraine.

---

crimes commis à l'époque contre les Polonais, les Baltes et les Finlandais.

1. C'est une tendance observée dans nombre de pays dans le monde où le « national » (extrême droite) converge avec le « bolchevique » (extrême gauche) sur les mêmes thèses populistes et complotistes (Adolf Hitler n'avait rien fait d'autre en mariant « national » et « socialiste » pour donner naissance au parti national-socialiste).

2. Nous sommes dans l'incapacité d'attribuer cet attentat : mafia, règlement de comptes au sein de la nébuleuse hypernationaliste, action des services secrets ukrainiens (cela paraît très douteux), manipulation d'une officine russe, opération des services russes destinée à envoyer un message sanglant à l'aile des ultranationalistes qui considèrent trop ouvertement que Poutine est « mou » dans sa conduite de sa vraie fausse guerre ?

Prigogine fait partie de ceux qui suivent pour son compte cette nébuleuse braillarde, mâtinée de spiritisme et d'ésotérisme. Il ne faudrait pas que son maître se trouve un jour débordé par ce courant ultra qui prend de la consistance ces dernières années.

D'autres hommes d'affaires, comme Igor Setchine, soixante et un ans, patron du géant pétrolier Rosneft (surnommé Dark Vador), ou Viktor Ivanov, soixante-douze ans, patron du conseil d'administration de la compagnie aérienne Aeroflot, peuvent prétendre également avoir sporadiquement l'oreille du Kremlin. Ce qui est certain, c'est que ce petit monde navigue au gré des ondulations et accélérations du pouvoir. Ils cherchent à tout prix à rester dans le sillage du tsar jusqu'au moment où le navire amiral prendra une gîte trop inquiétante pour la préservation de leurs propres intérêts.

5

Retour vers le passé

Il est peu probable que le premier cercle qui entoure le tsar soit marqué du sceau du « parler vrai ». Le métabolisme naturel de la Cour conduit invariablement à entretenir l'opacité et la falsification du réel. C'est pour cela que le Kremlin s'est lancé à l'aveugle dans son aventure guerrière. Las, la promenade de santé s'est transformée en cauchemar. Même si elle a enregistré des succès tactiques sur le terrain (notamment dans le Donbass[1], au nord de la

1. Les Russes y ont concentré, en avril-mai 2022, 2 500 pièces d'artillerie et 250 avions de combat. Lors de la période la plus intense des combats dans le Donbass (avril-juin 2022), les Russes faisaient pleuvoir plus de 60 000 obus et roquettes par jour sur les positions ukrainiennes. L'artillerie procède par tir de saturation en dévastant les zones que les Russes veulent conquérir sans trop de pertes en hommes. Par comparaison, les Ukrainiens ont reçu des Américains, des Français et des Allemands une soixantaine de canons d'une très grande précision (de l'ordre de 2 à 3 m) et de longue portée, 50 à 80 km, contre 30 pour les armes russes. Il s'agit

Crimée, dans la région de Kherson, dans la région de Zaporijia et autour de la mer d'Azov entièrement « privatisée »), la machine russe a montré une grande difficulté à atteindre ses buts de conquête[1]. Au bout de sept mois de guerre, elle n'était toujours pas parvenue à vaincre les forces ukrainiennes dans leur réduit de Donetsk (quadrilatère Kramatorsk-Bakhmout-Sloviansk-Siversk) et les opérations clandestines des commandos de Kiev en Crimée ou en Russie n'ont cessé de se multiplier.

Pis, les Ukrainiens ont été capables de déclencher une bataille éclair de six jours (du 6 au 11 septembre 2022), devant Kharkiv, qui leur a permis d'enfoncer le front russe, de récupérer des villes stratégiques (Izioum, Koupiansk, Balakliia) et une grande quantité de matériel. En réponse, la mobilisation brutale de trois cent mille hommes – présentés faussement comme des « réservistes » –, non seulement ne saurait être qu'un fragile appoint militaire pour Moscou (compte tenu de son très faible niveau opérationnel), mais pourrait entraîner des troubles à répétition en Russie. De retour d'un périple russe en 1839, le marquis français Alphonse de Custine ne disait-il pas en décrivant cet empire lointain comme arriéré et peuplé de serfs soumis qu'ils étaient

des Himars (lance-missiles) et canons M777 (États-Unis), des Caesar, canons de 155 mm (France) et des Panzerhaubitze 2000 sur chenilles (Allemagne).

1. À l'été 2022, les Russes dominaient (sans nécessairement contrôler plus de 20 % du territoire ukrainien).

susceptibles de temps à autres de brusques mouvements de colère et de destruction[1]. Poutine a-t-il ouvert la boîte de Pandore en décrétant la mobilisation générale pour une simple « opération militaire spéciale » ?

Une armée russe hors-sol

Par aveuglement et par auto-intoxication, le commandant en chef russe porte la responsabilité en premier de la grande humiliation de sa propre armée dès les premières semaines de la guerre. Soucieux de plaire au tsar, ses services de renseignement l'ont entretenu dans l'illusion d'une Ukraine prête à s'offrir avec joie aux assauts des soudards russes venus des régions les plus éloignées et les plus pauvres de la Fédération de Russie (Caucase, Bouriatie). Las, le président Volodymyr Zelensky ne s'est pas enfui, les forces ukrainiennes ne se sont pas rendues et le peuple ne s'est pas soumis. L'armée russe est alors apparue aux yeux du monde pour ce qu'elle est : une machine de type soviétique, extrêmement rigide, verticale, brutale, sans aucun respect pour ses soldats, méprisant les droits de la guerre et la vie des civils, surtout capable de broyer par l'artillerie les forces adverses comme hier en Tchétchénie (Grozny) ou en Syrie (Alep).

1. Alphonse de Custine, *La Russie en 1839*, Librairie d'Aymyot, 1843.

Symbole de cette armée déconnectée du réel : les unités russes stationnées en Biélorussie ne savaient pas en franchissant la frontière qu'elles allaient au-devant de la guerre. Très mal approvisionnées[1], frigorifiées quand elles battaient la semelle en Biélorussie en plein hiver, elles avaient pris l'habitude de troquer auprès des commerces du coin le carburant de leurs véhicules contre de la nourriture. Nombre de ces blindés sont tombés très vite en panne d'essence quand ils ont convergé vers la région de Kiev. Les canons et les drones armés ukrainiens s'en sont donné alors à cœur joie…

Composés d'appelés du contingent (service militaire) ayant signé à la va-vite un engagement « professionnel » pour pouvoir être projetés hors du territoire de la Fédération de Russie[2], ces éléments peu aguerris ont été

1. Un sujet présenté par la journaliste Sylvie Pinatel sur TF1, le 13 mars 2022, révélait que leurs rations de combat étaient périmées depuis 2015. L'intendance russe avait estimé que ce serait toujours assez bon pour eux.

2. La Russie n'étant pas officiellement en guerre, les appelés du contingent ne peuvent être envoyés en Ukraine. Les autorités russes ont multiplié, dans un premier temps, les contorsions pour parvenir à combler les trous de leur dispositif : elles ont fait notamment appel aux Tchétchènes de Ramzan Kadyrov, aux milices syriennes de Bachar el-Assad et à des combattants géorgiens. Les milices russes du groupe Wagner, créées en 2014 (entièrement transportées, équipées et sponsorisées par le Kremlin), ont été également engagées. Le Kremlin a fait appel aux volontaires et aux prisonniers… morts au combat. Las, devant les piètres résultats de cette opération séduction, les autorités ont dû décréter la mobilisation partielle (300 000 hommes, pour la plupart sans aucun entraînement). Vladimir Poutine avait expliqué, auparavant, qu'il n'était

décimés à peine entrés en Ukraine. Leur « innocence » quant à la compréhension de ce qui allait se jouer – n'allaient-ils pas simplement dénazifier ce pays et arrêter un génocide ? – allait grandement servir les services de renseignement ukrainiens. En effet, partis pour une promenade de santé, convaincus d'être accueillis comme des libérateurs, nombre de ces jeunes soldats russes se sont inscrits sur l'application de rencontres Tinder pour trouver d'accortes Ukrainiennes prêtes à leur offrir le repos du guerrier sans qu'ils aient eu à combattre. Mal leur en a pris. Ayant décelé ce curieux mouvement, les services secrets ukrainiens ont créé un grand nombre de faux comptes, avec force photographies attractives et suggestives de belles jeunes femmes. Mais derrière chacun de ces profils se cachait en fait un agent ukrainien à l'allure plus austère et plus velue. Le dialogue coquin entretenu avec adresse a permis à l'état-major de Kiev de pister les unités ennemies, de savoir en temps réel où se trouvaient stationnés Dmitri, Pavel ou Vladimir, si impatients de rencontrer *de visu* leur dulcinée. Nombre de soldats de Poutine ont payé de leur vie leur stupidité et le culte du mensonge de leurs chefs.

---

pas question de recourir à une solution aussi radicale qui viderait de son contenu le mensonge de la simple opération de police. Conscient de cela, le tsar a expliqué qu'il avait seulement souscrit à la proposition faite dans ce sens par le ministère de la défense… Ce n'est pas moi, c'est lui !

Pesanteurs… soviétiques

Taillé trop court pour une vraie guerre (cent cinquante mille hommes, au départ, quand il en aurait fallu quatre fois plus), souffrant de problèmes constants d'approvisionnement dans les premiers mois, le corps de bataille russe s'est montré, en outre, particulièrement peu apte à manœuvrer en combinant ses armes (infanterie, blindés, artillerie, génie…) et ses armées (notamment, les armées de l'air et de terre). Pis, on a compris très vite que les armées russes se méfiaient les unes des autres[1]. C'est ainsi que l'aviation russe n'opère pas de *close air support* (appui aérien rapproché) au profit de l'infanterie (armée de terre) car elle craint d'être abattue par les systèmes de défense antiaériens de leurs camarades au sol, faute de capacité à communiquer avec eux.

L'armée russe est un système qui fonctionne en silo. Chacun dans sa case. Elle opère toujours selon les sacro-saints principes marxistes-léninistes : ne faire confiance à personne, se méfier de tous et attendre les ordres du chef. Un exemple frappant illustre notre propos : le chef d'état-major de l'armée de l'air russe est un officier général de l'armée de terre. Je ne connais aucun autre exemple dans les armées du monde. Explication : le Kremlin se méfie de l'armée de l'air considérée comme trop « occidentalisée ». En effet, à

1. Sources militaires françaises de haut niveau consultées par l'auteur.

l'époque du partenariat entre l'OTAN et la Russie, il y a eu de nombreux échanges et exercices communs entre les aviateurs russes et leurs camarades de l'Occident. Ces contacts ont été finalement jugés « contaminants ». L'armée de l'air manquerait donc de pureté idéologique. On ne peut s'empêcher de penser à Adolf Hitler qui ne faisait confiance qu'à la Kriegsmarine et la Luftwaffe considérées comme idéologiquement fiables tandis que la Heer (armée de terre), commandée par des aristocrates prussiens, lui est toujours apparue comme hautement suspecte[1].

Le *Moskva* ne répond plus

Autre symbole de cette déconfiture d'une armée présentée comme la troisième ou quatrième du monde : la destruction en mer du vaisseau amiral de la flotte de guerre russe en mer Noire, le désormais célèbre *Moskva*, le 14 avril 2022. Non seulement ce bâtiment servait de base d'accueil à l'état-major chargé de commander la vingtaine de bâtiments prévus pour un assaut sur le port d'Odessa, mais avec ses soixante missiles sol-air S-300, il assurait la bulle de protection aérienne de l'ensemble de la flotte. Las, comme je l'ai révélé à l'époque sur

1. Il a été renforcé dans cette conviction en constatant que la tentative de coup d'État du 20 juillet 1944 avait été fomentée par des officiers de l'armée de terre.

le plateau de LCI, quand les deux missiles terre-mer Neptune tirés par les Ukrainiens ont touché le vaisseau amiral, ses radars de détection n'étaient pas en veille. Ce bâtiment cardinal était donc aveugle… en pleine mer et en pleine guerre.

Un officier de marine français interrogé me donne une information (et avance deux hypothèses). Alors qu'il évoluait en « ambiance guerre », le pacha (commandant) du *Moskva* faisait tous les jours les mêmes ronds dans l'eau sans jamais changer son plan de navigation. Il n'était donc pas compliqué de l'attendre en un point précis de sa course. Pour le reste, peut-être par mépris des capacités des Ukrainiens, l'équipage n'a pas jugé bon d'activer ses radars ; ou alors les fonds destinés à la refonte et à la modernisation de ce bâtiment, il y a quelques années, se sont évaporés. Un classique en Russie, selon les spécialistes.

Un malheur ne venant jamais seul, les Ukrainiens ont pu facilement couler une quinzaine d'autres navires de tonnages différents. Les Russes ont été dans l'incapacité de remplacer le *Moskva*, et les deux autres bâtiments de même classe, le *Marechal Oustinov* et le *Varyag*, se sont retrouvés bloqués de l'autre côté des détroits turcs[1].

Les Russes ont bien tenté de transformer l'île aux Serpents ukrainienne (à environ quarante-cinq kilomètres,

1. La convention de Montreux, en 1936, octroie aux Turcs la possibilité de fermer les détroits mer Noire-Méditerranée aux navires de guerre en cas de conflit.

vingt-quatre milles marins, à l'est du littoral du delta du Danube), en porte-avions terrestre mais grâce aux pièces d'artillerie occidentales, les Ukrainiens y ont détruit plusieurs barges de débarquement ainsi que les unités de forces spéciales russes qui y avaient été déployées. Le 30 juin 2022, les Russes rembarquaient en catastrophe, rendant pratiquement impossible le commandement d'un assaut sur le port stratégique d'Odessa à partir de cette base terrestre. Une défaite de plus ! L'amiral russe qui commandait la flotte en mer Noire, quant à lui, croupit en prison en attendant son jugement.

Goliath et David

Comme à l'époque soviétique – où la capacité militaire du pacte de Varsovie avait été nettement surévaluée par l'Ouest[1], l'estimation occidentale de la puissance russe a été induite en erreur par les multiples

1. Jeune officier de réserve spécialiste d'état-major (ORSEM), j'ai été formé dans les années 1980 pour faire face à un déferlement soviétique en Europe (via la trouée de Fulda, région de faible altitude située entre la frontière de l'ancienne Allemagne de l'Est et la ville de Francfort). Une fois l'empire soviétique déchu, nous avons pu constater qu'entre les chiffres (hommes, matériels, munitions) que nous avions pour nos exercices militaires de préparation, et la réalité, l'écart était considérable. Certes, ils alignaient des millions d'hommes et des dizaines de milliers de chars mais c'était une armée plombée par des problèmes de moral, d'alcoolisme, d'intendance, de maintenance, de préparation au combat et de violences faites aux conscrits (plusieurs milliers tués chaque année).

discours du Kremlin sur le thème de sa modernisation à marche forcée. Vladimir Poutine a souvent expliqué qu'il avait trouvé une armée exsangue en 2000, et qu'il avait forgé, en peu de temps, un outil remarquable, propre à affronter les défis du XXIe siècle. Les chiffres parlaient d'eux-mêmes : entre 1999 et 2021, le budget défense de la Fédération de Russie a grimpé de 300 % (*versus* 20 % pour l'Union européenne, 65 % pour les États-Unis et 600 % pour la Chine). Cela méritait le respect ; un respect qui a coulé avec le *Moskva*, l'abandon de l'île aux Serpents, les frappes sur le territoire russe et en Crimée, la destruction de la moitié de son corps de bataille et de l'équivalent de tous les blindés de l'armée française (deux cent vingt chars lourds, trois mille blindés légers...), sans compter les dizaines d'avions et d'hélicoptères abattus par les missiles sol-air Stinger (courte portée) et autres Mistral (moyenne portée).

Avant la campagne d'Ukraine, la Russie avait la réputation de construire efficacement ses offensives (comme en Géorgie ou en Ukraine lors de la première guerre de 2014), en combinant cyberopérations (pour rendre son adversaire sourd et aveugle) et actions des commandos des forces spéciales pour détruire les centres névralgiques ennemis. La cavalerie (chars lourds et blindés légers) entrait ensuite dans la danse avec les avions de combat et l'artillerie (pas toujours très précise, mais généreuse en volées d'obus). En Syrie, à partir de 2015, c'est essentiellement son aviation de combat qui avait été engagée, sans aucune contestation adverse, ni du ciel ni du sol, la rébellion anti-Damas n'ayant ni avions de combat ni missiles sol-air. Quelques opérateurs des forces spéciales et des mercenaires du groupe Wagner avaient été également utilisés pour réduire certaines poches dans la zone d'Alep. Mais rien, dans ces combats, ne ressemblait à une guerre de haute intensité.

Or, en Europe, très vite, le David ukrainien a tenu la dragée haute au Goliath russe. Et l'on sait que, dans ce cas de figure, quand David ne perd pas nettement, il gagne, et quand Goliath ne gagne pas nettement, il perd. Outre les carences déjà décrites, il faut souligner les très grosses lacunes du bulldozer russe en matière de logistique. Ce domaine est vital dans les guerres modernes car il constitue le cordon ombilical des hommes et des matériels. Quand il est coupé, les deux sombrent. Autre problème : la corruption. Il semble que ce mal endémique de l'Union soviétique ait survécu à sa chute. Je l'ai évoqué pour le *Moskva*. Les Ukrainiens ont été aussi surpris de voir certaines batteries ultramodernes de défense anti-aérienne montées sur des camions neufs qui ne pouvaient supporter leur poids et dont les pneus d'origine chinoise avaient tous éclaté. Ceux d'origine avaient été changés au profit de pneumatiques moins chers et inadaptés.

Iskander, Kinjal, Kalibr…

Au côté de cette armée archaïque, à trous, bâtie sur un modèle de type soviétique[1], figure toutefois toute une gamme très moderne de missiles courte et longue portée aux noms de marques de parfum : Iskander, Kinjal, Kalibr, Sarmat… Souvent hybrides (pouvant porter des têtes conventionnelles ou nucléaires), pour certains hypersoniques[2], ils font le bonheur de Vladimir Poutine. Tout au long de ces dernières années, il s'est complaisamment fait filmer avec ces armements « magiques » en arrière-fond. Il n'a jamais manqué d'expliquer que tous ceux qui tenteraient de s'opposer à ses légitimes ambitions seraient rayés de la carte grâce à eux, sans qu'ils aient le temps de « cligner des yeux [*sic*] ». Il a souvent utilisé cette image qui, visiblement, le fait saliver : détruire l'autre sans qu'il ait le temps de s'en rendre compte.

Aux premières heures de la guerre, plus de quatre cents missiles se sont abattus sur une centaine d'objectifs stratégiques ukrainiens, trois mille au cent quatre-vingtième jour de guerre[3]. Ils ont permis de

1. L'armée russe compte très peu de sous-officiers, ce qui renforce la rigidité du système et le côté « masse passive » des soldats sous la coupe des officiers.

2. Un missile de croisière classique vole à 1 000 km/heure : un hypersonique à une vitesse dix fois supérieure.

3. L'essentiel de l'armée de l'air et des bases ukrainiennes, pratiquement toute la marine de guerre ainsi que de nombreux dépôts d'armes ont été détruits dans les premières heures de l'invasion.

ravager l'Ukraine dans sa profondeur, notamment hors des zones de confrontations militaires directes. Le Kremlin a pu ainsi frapper à longue distance, de terre et de mer, ici un théâtre devenu refuge (Marioupol), là un centre commercial bondé (Krementchouk), ailleurs une gare à l'heure de pointe (Kramatorsk) ou une maternité (Kharkiv), des aires de jeux pour enfants (Kiev), des terminaux portuaires d'exportation des céréales (Mykolaïv, Odessa), etc. Une pratique déjà observée en Tchétchénie comme en Syrie : briser le moral des civils pour atteindre celui des soldats est un classique de la doctrine du Kremlin.

Toutefois, Kiev a pu sauver certaines capacités aériennes en ayant dispersé, avant la guerre, sur tout le territoire (plus grand que la France) une partie de sa flotte d'avions et d'hélicoptères. Une fraction de ses systèmes de défense sol-air a été également préservée avant d'être renforcée par des dons venant de l'Ouest. Nombre de ces frappes étaient des tirs de punition, notamment pour détruire des silos à grains, des docks portuaires céréaliers, des entrepôts d'engrais ou pour enflammer des champs de céréales.

6

Botte soviétique contre box ukrainienne

Face à l'armée russe, modèle XXe siècle, verticale, brutale et bancale, les Ukrainiens, avec l'aide des Occidentaux, sont parvenus à opposer une force civile et militaire du XXIe siècle du type 3.0[1], à la fois horizontale, collaborative et imaginative. C'est la confrontation entre la botte soviétique et la box ukrainienne : celle d'un corps expéditionnaire hors-sol, de plus en plus violent et punitif, engagé contre un peuple en armes menant sa « grande guerre patriotique » contre l'envahisseur russe avec les instruments de la modernité.

1. Symbole de la nouvelle génération de technologies branchées sur les réseaux sociaux ou les sites de partage collaboratifs permettant aux internautes d'interagir facilement et rapidement, par opposition aux technologies traditionnelles plus lentes et surtout plus en silo.

Elon Musk à la rescousse

Certains épisodes du conflit illustrent à la fois les mutations de la guerre en général et de celle de l'Ukraine en particulier dans sa version « privatisation à l'occidentale ». Spontanément, au début du conflit, de jeunes geeks ou des amateurs civils de petits drones, ayant souvent pour l'uniforme un goût très peu prononcé, se sont mis à la disposition des forces armées de leur pays. Ils ont rejoint l'unité spécialisée des avions sans pilote : l'*Aerorozvidka*. Le haut commandement ukrainien a su trouver à employer leurs talents civils en les militarisant. Une section particulière a donc été créée dans la zone de Kiev, au moment où Poutine espérait encore faire tomber rapidement la capitale. Montée sur des quads[1], équipée de jumelles de vision nocturne fournies par l'Ouest, cette section a transformé de petits drones civils en armes de combat équipées d'obus de mortier ou de grenades artisanaux.

Le montage était pour le moins rustique, voire rudimentaire, mais il s'est révélé efficace. Leurs raids sur les arrières ou sur l'avant des colonnes de blindés russes ont souvent permis de les bloquer au sol, facilitant ensuite leur destruction par frappes aériennes ou d'artillerie. Le gouvernement de Kiev ayant demandé au milliardaire américain, Elon Musk,

1. Le quad est utilisé, notamment, par les forces spéciales (commandos).

de mettre à sa disposition son réseau satellitaire privé Star Link, ces « équipes quads-drones » ont pu l'utiliser pour les piloter en évitant d'être brouillées par les Russes[1]. Ces derniers sont néanmoins parvenus à le faire, coupant le signal reliant l'appareil sans pilote à son opérateur au sol. Sans liaison, les drones ukrainiens sont allés s'écraser dans la nature. Cette équipe *ad hoc* n'a pas baissé les bras. Les détails techniques du brouillage russe ont été remontés vers les équipes de Musk, aux États-Unis. Mobilisées en *crash program* (programme d'urgence), elles sont parvenues à sortir en un temps record une box facile à alimenter, puisqu'elle pouvait être branchée sur les allume-cigares des quads, permettant de brouiller les brouilleurs russes.

Autant dire que ce genre de cas de figure intéresse toutes les armées du monde. Dans le cas présent, le monde libre s'en félicite mais que se passera-t-il demain, si un État voyou offre à des groupes terroristes ce type de facilité ?

Dans d'autres circonstances, des drones d'observation ont grandement aidé le travail des artilleurs. Ils fournissaient les coordonnées GPS des cibles russes en mouvement. Mais, ici encore, les Russes sont parvenus rapidement à les brouiller. Les opérateurs ukrainiens ont donc changé de tactique. Après avoir constaté

1. Le drone est dirigé par un opérateur à partir du sol grâce à l'émission d'un signal de commande. Si ce signal est coupé, le drone est en perdition.

que les Russes passaient systématiquement par les routes, ils ont repéré et donné à l'avance aux artilleurs les coordonnées GPS de certains points de passage obligé. Ensuite, les drones se positionnaient au-dessus de ces carrefours ou ponts, en stationnaire, fournissant une simple confirmation visuelle passive du passage de la troupe ennemie. Les batteries ukrainiennes n'avaient plus qu'à appuyer sur le bouton sans avoir à communiquer avec les drones avancés, muets… mais pas aveugles.

Résistance civile

La guerre d'Ukraine a fourni bien d'autres exemples de cet affrontement des cultures et des espaces mentaux qui ne sont que le reflet de ce qui se passe dans un monde partagé entre la tentation de l'obscurantisme et celle de l'altérité. Le culte du chef, l'obéissance aveugle au « petit père des peuples » font partie des oripeaux du passé soviétique que la jeunesse ukrainienne a balayé avec sa révolution de Maïdan. Ils récusent farouchement la « verticale russe » comme le souligne l'écrivain Jonathan Littell dans ses remarquables carnets de guerre consacrés aux zones nord occupées par les troupes russes au début de la guerre[1]. Sofia

---

1. « Carnets de guerre de Jonathan Littell », *M, le magazine du Monde*, 15 juillet 2022.

Cheliak, figure de la vie culturelle ukrainienne, lui a expliqué que si le président Zelensky avait été tué[1], « on aurait tous été très tristes. Mais ça n'aurait rien changé, rien du tout ». Elle donne une parfaite illustration de la mobilisation d'un pays, peuple et élite, pour une fois uni : « On a tellement de réseaux horizontaux, on aurait résisté autrement. Moi, je dirige un festival littéraire, le Lviv International Book Forum. Eh bien, j'ai activé tous mes contacts littéraires dans le pays, partout, pour récolter de l'argent, de l'essence, des armes pour nos gars. Personne ne nous a demandé de le faire, on n'a pas reçu d'ordres. On l'a fait parce que les circonstances l'exigeaient. »

À propos de ces réseaux horizontaux qui se sont mobilisés sans mot d'ordre, on pense aussi à ces civils ukrainiens âgés regardant des reportages sur des médias russes. Bien que le reportage se gardât bien de donner la moindre indication géographique sur l'unité russe filmée, ces citoyens envahis ont pu identifier les lieux parce qu'ils y avaient habité. Le renseignement est remonté vers l'état-major ukrainien le plus proche qui a pu détruire la cible. Ailleurs, un homme a pu géolocaliser son portable volé par un envahisseur, fournissant ici encore du renseignement précieux sur la présence de telle ou telle unité à tel endroit. Quand les Russes ont volé d'énormes tracteurs céréaliers

1. Le *Time* avait révélé au début de la guerre qu'une tentative d'assaut contre le palais présidentiel à Kiev avait été déjouée.

transférés par wagon en Russie ou en Tchétchénie, les propriétaires ont désactivé à distance les puces des circuits électroniques, bloquant irrémédiablement le moteur.

On mesure bien, au travers de ces exemples, ce que sont les fondements de la résistance ukrainienne et l'abîme culturel et civilisationnel qui sépare les deux protagonistes. Il ne s'agit pas de diaboliser les Russes – pris en otage par leur histoire et par le despote Vladimir Poutine – mais de constater que, à coups d'Histoire falsifiée, de discours paranoïaques sur le thème de « la destruction de la culture russe », de verticalité marxiste-léniniste, ce peuple, après l'effondrement de l'empire colonial soviétique, a dangereusement dérivé vers un monde parallèle. Il en résulte un système à ce point rigide que, face aux revers des premiers mois, le Kremlin n'a rien trouvé de mieux que de sommer ses officiers généraux de monter en première ligne pour fouetter les ardeurs nécessairement ramollies des soldats-moujiks ne comprenant rien à cette vraie-fausse guerre. La vigilance des services secrets ukrainiens, qui ont tracé leurs déplacements (sans doute avec l'aide américaine), a permis l'élimination d'une douzaine d'entre eux.

7

Un malentendu nucléaire

Un autre aspect de cette guerre est nouveau : l'arme ne relève pas des nouvelles technologies, mais elle est utilisée différemment, cette fois par la Russie. La guerre en Ukraine (surtout la version 2) a provoqué en effet un redoutable retour en force de la question nucléaire. Ce sujet, qui était un peu tombé dans l'oubli, s'est retrouvé depuis le 24 février au cœur des préoccupations des Français et des Européens, certains médias illustrant même le propos par des simulations de ce que donnerait comme effets destructeurs une frappe nucléaire russe sur la ville de Paris.

Doctrines… flottantes

En quarante ans, c'est la première fois que l'auteur a été sollicité aussi souvent dans les médias pour expliquer le concept de dissuasion nucléaire[1] et la façon dont les Russes la conçoivent de leur côté. Les Français considèrent que c'est une « arme de non-emploi » destinée à décourager un éventuel prédateur de passer à l'acte par l'étendue vertigineuse des dégâts encourus[2]. Le message est simple : ne menacez pas « nos intérêts vitaux » (concept laissé volontairement dans le flou pour accentuer son caractère dissuasif[3]), car nous

---

1. La dissuasion française repose sur une triple assise : la crédibilité politique portée par le chef des armées, seul détenteur du feu nucléaire ; la crédibilité technologique grâce à une Base industrielle et technologique de défense (BITD) totalement souveraine (contrairement aux Britanniques, dépendants des États-Unis) ; la crédibilité opérationnelle avec deux forces nucléaires permanentes, les Forces aériennes stratégiques (FAS) et la Force océanique stratégique (FOST). Ces deux forces sont complémentaires, indissociables et non hiérarchisées. Embarquée sur le porte-avions *Charles-de-Gaulle*, la Force aéronavale nucléaire (FANu) agit en complément de ces deux vecteurs. L'important est que tout agresseur potentiel soit bien convaincu qu'il ne pourrait en aucune façon contourner ce bouclier. Le budget de cette assurance-vie représente environ 5 euros par mois pour chaque Français…

2. Les missiles nucléaires stratégiques ont une portée supérieure à 10 000 km et peuvent détruire des régions entières. L'arme nucléaire tactique a une portée de quelques centaines de kilomètres. Elle conserve néanmoins les attributs de terreur nucléaire : souffle, chaleur, destruction, effet électromagnétique, radiations.

3. En février 2020, lors d'une intervention devant les officiers stagiaires de l'École de guerre, le président Macron a expliqué que la dissuasion nucléaire française « renforçait la sécurité de l'Europe par son existence même » et que « à cet égard, elle avait une dimension authentiquement européenne ». Pour le chef des armées, le fait que l'indépendance totale de la France existe en cette matière ne signifie aucunement une sorte de splendide isolement :

aurions la possibilité de détruire chez vous bien plus que ce que vous rêveriez de faire chez nous. Britanniques et Américains partagent ce concept. Les Russes n'en sont pas éloignés (sanctuarisation de la Fédération de Russie). Leur doctrine, réactualisée en 2020, stipule que l'arme nucléaire est envisagée « exclusivement comme un moyen de dissuasion dont l'emploi est une mesure extrême et forcée[1] ». En clair, cette arme de terreur ne pourrait répondre en retour (frappe en second) qu'à une frappe nucléaire ennemie ou si l'existence même du pays était menacée (même par une attaque conventionnelle). Rien de tout cela ne se profile à l'horizon. Et pourtant, Poutine joue du nucléaire comme avec le feu.

Le discours du maître du Kremlin[2] a eu récemment des inflexions pour le moins préoccupantes. Elles semblent *griser*, en quelque sorte, un concept très clair sur le papier. Il a la fâcheuse manie de dire très ouvertement que le dossier ukrainien touche à l'existence même de la « russité ». On ne voit pas pourquoi. Il a d'une certaine façon virtuellement annexé une partie de ce pays et le

---

il a expliqué que « les intérêts vitaux de la France avaient désormais une dimension européenne ». En clair, on voit mal comment la France, pays doté, resterait inerte si le territoire de l'Union européenne était envahi par quiconque.

1. *Gazeta.ru*, 18 octobre 2018. Il s'agit d'un quotidien électronique généraliste russe.

2. En Russie, la décision de recourir à l'arme atomique se prend au sein d'un triumvirat : le président de la Fédération, le ministre de la Défense, le chef d'état-major des armées. C'est du moins ce que disent les textes…

fait de ne pas pouvoir le faire réellement devient, par l'artifice de sa pensée, une menace existentielle. Au début du conflit, il n'a pas craint d'élever le niveau d'alerte de ses forces nucléaires stratégiques au motif du caractère inacceptable des sanctions prises contre son pays (ce qui ne l'a pas empêché, plus tard, de dire qu'elles étaient sans effet sur l'économie russe) et parce que les Occidentaux tenaient des « propos agressifs » à son encontre. On sort ici complètement du cadre de la dissuasion pour entrer dans le fantasme. Et c'est bien ce qui est inquiétant.

Bluff, gesticulation, autohypnose ? Comme on peut l'imaginer, les satellites espions de l'Ouest ont les yeux braqués sur les silos et les hangars nucléaires russes. Pour l'instant, rien ne bouge. Il n'est pas certain que les Chinois apprécieraient un passage au nucléaire sans motif sérieux. Mais les plus pessimistes notent que dans le passé (2018), Vladimir Poutine a eu des propos pour le moins étranges ou à tout le moins ambigus : « Nous, comme des martyrs, nous irons au paradis, eux [les Occidentaux] crèveront[1]. »

Frappes tactiques

Un des sujets de préoccupation des spécialistes réside dans le nombre très élevé des têtes nucléaires tactiques russes. Elles sont de taille et de portée réduite par rapport aux armes stratégiques, qui vont dans l'espace,

1. *Courrier international*, 19 octobre 2018.

puis reviennent dans l'atmosphère frapper leurs cibles grâce au *mirvage* (séparation) de leurs têtes. Pour autant, ces vecteurs tactiques sont extrêmement destructeurs : les bombes larguées sur Hiroshima et Nagasaki (août 1945) représentaient une vingtaine de kilotonnes chacune, contre cent kilotonnes pour une arme tactique actuelle[1]. Aussi, la tentation pourrait-elle exister de s'en servir comme d'une « super-artillerie » de campagne, pour rétablir, par exemple, un avantage menacé dans le cadre d'une guerre conventionnelle[2].

L'Union soviétique assumait parfaitement cette approche. Elle avait considérablement miniaturisé ses armes nucléaires du champ de bataille. Leur artillerie nucléaire de campagne pouvait être utilisée face aux troupes de l'OTAN, lors d'une invasion de l'Europe. Cela faisait partie de leur doctrine d'emploi. Moscou ne semble pas avoir complètement rompu avec cette vision apocalyptique. « Vladimir Poutine est capable de passer au nucléaire et au chimique[3] », estime-t-on au ministère français de la Défense. Un ancien membre du cabinet de la ministre des Armées, Florence Parly, ajoute :

1. Une kilotonne (Kt) représente en puissance de destruction 1 000 tonnes de TNT (explosif conventionnel). Deux cent mille Japonais sont morts à Hiroshima et Nagasaki.

2. La Russie disposerait de 6 255 ogives nucléaires (2 000 tactiques) contre 5 550 pour les États-Unis, 350 pour la Chine, 290 pour la France, 225 pour la Grande-Bretagne, 165 pour le Pakistan, 156 pour l'Inde, 90 pour Israël, 45 pour la Corée du Nord (mais encore avec des doutes sur les capacités balistiques de ses lanceurs).

3. Entretien avec l'auteur.

« Les Russes ont conservé et amélioré le Novitchok. C'est la quatrième génération de cette arme chimique, anciennement soviétique[1]. » Un vice-amiral estime, quant à lui, que si Poutine se retrouvait trop longtemps bloqué dans sa politique de domination, il pourrait parfaitement « opérer une frappe nucléaire tactique en mer Noire ou dans l'Atlantique pour obtenir un effet de sidération[2] ». On parle, un peu précieusement, « d'escalade [nucléaire] pour la désescalade [conventionnelle] ».

Pour ma part, je ne crois pas à l'emploi de l'arme nucléaire tactique directement sur le sol de l'Ukraine : l'imbrication des troupes au sol, la présence de civils pro-russes, la proximité de pays ou de zones alliées à Moscou (la Biélorussie, la Transnistrie, l'Ossétie du Sud et l'Abkhazie), rendraient difficile, mais pas impossible, une frappe de cette nature. En revanche, les Russes pourraient profiter de la présence de stocks d'engrais chimiques (comme ceux stockés dans le port de Beyrouth avant son explosion), pour tenter une opération de terreur… mise sur le compte des Ukrainiens. Quand le régime de Bachar el-Assad a lancé cette arme chimique contre des civils de la Ghouta (banlieue de Damas), les autorités russes ont toujours affirmé, contre l'évidence, que c'était la rébellion qui s'était fait éclater à la figure les armes chimiques qu'elle allait utiliser.

1. *Ibid.*
2. *Ibid.*

Le monde sera à genoux devant nous !

Jamais avare de signaux susceptibles de créer une forme d'épouvante destinée à « inhiber » son adversaire, Vladimir Poutine n'hésite cependant pas à brandir directement ou indirectement les foudres atomiques de Jupiter. Ainsi, au début du mois d'août, associé au patriarche orthodoxe Kirill, il a rendu un hommage *post mortem* appuyé au chef de l'extrême droite à la Douma, Vladimir Jirinovski. Celui-ci était un fervent partisan de l'utilisation de l'atome contre les « dégénérés occidentaux » : « La moitié de l'Europe, la moitié de l'Amérique partiront en flammes. Nous aussi nous souffririons, mais ce sera leur fin. Biden sera le dernier président des États-Unis. Le monde sera à genoux devant nous[1]. » Au début de la guerre, la France, qui a en permanence à la mer un sous-marin nucléaire lanceur d'engins[2] (SNLE

1. Propos tenus à la Douma (Parlement) en janvier 2022.

2. Un SNLE emporte dans ses flancs 16 missiles balistiques nucléaires intercontinentaux multi-têtes. La permanence à la mer de la FOST (Force océanique stratégique basée à l'île Longue, Finistère) assure à la France une capacité de frappe en second : c'est-à-dire qu'un ennemi éventuel voulant la frapper nucléairement est averti qu'il serait détruit nucléairement en retour, sans parade possible. L'armée de l'air joue également un rôle nucléaire pour procéder éventuellement à une frappe dite « d'ultime avertissement » en direction d'un agresseur ayant commencé à s'en prendre aux « intérêts vitaux » de la France. Cette frappe n'est pas à confondre avec une frappe tactique du champ de bataille comme les Russes semblent l'envisager et que la France prohibe. Il s'agit bien d'un avertissement unique pour prévenir l'ennemi que la dissuasion est enclenchée et que le stade suivant est l'apocalypse. Les avions de l'aéronavale, qui sont catapultés à partir du

nucléaire stratégique), en aurait eu trois sur les quatre qu'elle possède, toujours pour jouer la carte de la dissuasion. L'Élysée a refusé de confirmer ou d'infirmer cette rumeur…

« Nous avons été extrêmement chanceux jusqu'à présent. Mais la chance n'est pas une stratégie ni un bouclier pour empêcher les tensions géopolitiques de dégénérer en conflit nucléaire[1] », expliquait le secrétaire général de l'ONU, António Guterres, en plein cœur de l'été 2022. Le diplomate portugais a également affirmé que l'humanité était à « une erreur de calcul, un malentendu, de l'anéantissement nucléaire[2] ». Lors de cette même rencontre, le président argentin, responsable de la commission d'examen du TNP, Gustavo Zlauvinen, n'a pas été plus optimiste : « La pandémie nous a appris que les événements à faible probabilité peuvent se produire, avec un préavis réduit ou sans préavis, avec des conséquences catastrophiques pour le monde. C'est la même chose pour les armes nucléaires[3]. » Les Américains, les Français et les Britanniques (trois des cinq puissances nucléaires du Conseil de sécurité) ont solennellement appelé la Russie à « cesser sa rhétorique nucléaire et son attitude irresponsable et dangereuse ».

---

porte-avions *Charles-de-Gaulle*, peuvent également porter le feu nucléaire.

1. Conférence des 191 pays signataires du traité de non-prolifération nucléaire (TNP), le 2 août 2022.

2. *Ibid.*

3. *Ibid.*

Les militaires occidentaux s'inquiètent également de ce risque potentiel de montée aux extrêmes, notamment parce que Russes et Chinois, ces dernières années, ont considérablement augmenté et, surtout, modernisé leurs potentiels nucléaires. L'amiral Charles Richard, à la tête du commandement stratégique américain, faisait ce constat pessimiste : « Pour la première fois de son histoire, notre nation est en passe d'affronter simultanément deux pairs stratégiques [Chine et Russie] dotés chacun d'une capacité nucléaire. [...] Aujourd'hui, dans un conflit, nous ne pouvons plus tenir pour acquis qu'un échec de la dissuasion stratégique soit un risque faible[1]. »

Une guerre sous couverture nucléaire

Thomas Gomart, de l'Institut français des relations internationales (IFRI), expliquait, au bout de trois mois de guerre : « La Russie livre en Ukraine une guerre coloniale sous protection nucléaire. » Ces menaces de l'utilisation de l'arme nucléaire avaient déjà été brandies par le Kremlin en 2014, si on cherchait à s'opposer à ses visées sur la Crimée, selon lui partie intégrante de la Fédération de Russie.

Avec la seconde guerre d'Ukraine, Vladimir Poutine innove encore plus dangereusement dans l'art de la

1. Judith Bergman, « Crise de sécurité nationale : les menaces nucléaires de la Russie et de la Chine », 5 juin 2022, https://fr.gatesoneinstitute.org/18589/menaces-nucleaires-russie-chine.

guerre. Depuis le 24 février 2022, il multiplie les mises en scène autour de missiles hypersoniques au nom évocateur comme le Satan 2 (missile balistique nucléaire d'une portée de près de quinze mille kilomètres). Il a également contraint le président biélorusse Loukachenko à modifier sa Constitution pour accueillir sur son sol des missiles russes potentiellement nucléaires (comme l'Iskander, d'une portée maximale de cinq cents kilomètres). Cela a confirmé la vassalisation totale de ce pays dont le prince est un tyran artificiellement maintenu au pouvoir grâce à l'aide du Kremlin.

Poutine utilise la menace de l'arme suprême comme couverture pour ses actions conventionnelles. Il envoie par là même au monde un funeste message : si vous voulez envahir tranquillement votre voisin, devenez une puissance nucléaire. Si vous voulez éviter d'être envahi, ayez recours au parapluie atomique.

En matière nucléaire, l'Ukraine a été le dindon de la farce : en 1994, elle a redonné à la Russie ses armes nucléaires contre la garantie russe et internationale du respect intangible de ses frontières. Elle a perdu sur les deux tableaux. Ce genre de message est parfaitement reçu en Corée du Nord (qui a procédé à neuf essais balistiques), comme en Iran, à deux doigts de l'arme nucléaire (ce qui annoncerait de prochaines attaques directes d'Israël contre l'État chiite, si le processus de renégociation ne débouchait pas sur un nouvel accord). La Turquie comme l'Arabie saoudite, qui se disputent le leadership du monde sunnite et qui sont des puissances régionales, ne resteront certainement pas non plus inertes dans ce domaine. Jamais autant qu'aujourd'hui la perspective d'une prolifération n'a été à l'ordre du jour.

Tous les pays observent avec attention la martingale atomique inventée par Vladimir Poutine : invasion, soumission, annexion, sanctuarisation. Étape 1 : les armées russes ont envahi l'Ukraine : nul n'a voulu s'y opposer directement en Occident de peur de se confronter à une puissance nucléaire. Si l'OTAN était intervenue contre les Russes, ils auraient été écrasés militairement en huit jours[1]. Étape 2 : les Russes ont ensuite soumis les zones conquises : russification des esprits, distribution de passeports, mise en place d'une administration à la botte de Moscou. Vient ensuite le temps de l'annexion, étape 3. Une étape qu'a déjà vécue la Crimée (partie intégrante de l'Ukraine) en 2014 : elle est devenue territoire russe grâce à un référendum de type soviétique (les bureaux de vote étaient contrôlés par les forces spéciales russes). Le Kremlin a fait la même chose pour les quatre oblasts (régions administratives) de Lougansk, Donetsk, Zaporijia et Kherson. Étape 4 : vient ensuite la sanctuarisation par le nucléaire : la moindre tentative ukrainienne de reconquérir ses territoires volés se heurterait à la doctrine nucléaire russe. Ces attaques seraient alors considérées par

1. Rappelons que le budget militaire cumulé des trois plus grandes puissances des trente pays de l'OTAN (États-Unis, France, Grande-Bretagne), environ 1 000 milliards de dollars, représente presque vingt fois celui de la Fédération de Russie (55 milliards).

Moscou comme attentatoires aux intérêts vitaux du pays et susceptibles de menacer son existence même. La dissuasion nucléaire serait alors enclenchée dans un sens offensif. La boucle diabolique est bouclée, d'autant plus aisément que les médias russes ne cessent depuis des années de relayer le message selon lequel la survie même de la Russie est menacée par l'Occident.

C'est pour cela que, sauf changement de régime en Russie, l'Europe est en état de guerre, ouverte ou larvée, pour très longtemps, car Poutine ne fléchira pas et n'ira pas à une table de négociations qui fasse autre chose que d'entériner ses prises de guerre. Et Zelensky, de son côté, ne peut rien céder. Il n'y aura aucune place pour la diplomatie dans ce schéma qui érige le nucléaire aux deux bouts de la chaîne : menace au départ pour inhiber les potentielles puissances de secours, en fin de parcours pour sanctuariser par l'atome le fruit de la rapine – ou comment vassaliser ses voisins en toute impunité.

Déjà en partie occupées, la Géorgie et la Moldavie retiennent leur souffle. Puissances neutres, la Finlande et la Suède ont immédiatement tiré les enseignements de cette rupture fondamentale de l'équilibre mondial en rejoignant le giron protecteur de l'OTAN. Non, ce n'est pas un nouvel épisode de la guerre froide auquel nous assistons, contrairement à ce qui est seriné ici ou là. Ce qui se passe est parfaitement inédit et annonce des lendemains qui déchantent.

Terreur psychologique et chantage

Même à l'époque la plus chaude de la guerre froide, les dirigeants de l'URSS ne menaçaient pas directement leurs adversaires de l'apocalypse nucléaire, bien que le sujet ait été posé sur la table lors de la crise de Cuba, en 1962. Pourtant, la terreur psychologique était largement utilisée à l'ère soviétique. Poutine ne la manie pas de façon très sophistiquée, mais elle a le mérite d'une certaine efficacité, surtout en interne. Qu'importe la contradiction structurelle du discours (nous sommes menacés *et* nous sommes indestructibles), les médias officiels insistent en boucle sur les effets dévastateurs de l'arsenal nucléaire russe. Ainsi ils expliquent, avec une sorte de délectation morbide, que leurs missiles pourraient frapper Berlin en cent six secondes, Paris en deux cents secondes et Londres en deux cent deux secondes. Les îles Britanniques quant à elles pourraient disparaître de la surface de la Terre grâce à un tsunami provoqué par une gigantesque torpille nucléaire[1]. Les survivants mourraient des conséquences de la contamination nucléaire. Tout cela est mis en scène avec des vidéos et des commentaires grossiers.

Le maître du Kremlin multiplie les mises en garde. En pleine guerre d'Ukraine (29 avril), lors d'une rencontre

1. Il s'agit du Poseidon : d'une portée de 10 000 km, ce drone sous-marin capable de porter une charge nucléaire pourrait frapper les côtes de n'importe quel pays dans le monde.

avec des élus, il a asséné : l'Occident doit « savoir que nos frappes de représailles seront rapides comme l'éclair. Nous avons pour cela tous les instruments, dont personne ne peut même rêver, et nous les utiliserons si besoin. Les décisions ont déjà été prises à ce sujet ». Pour les célébrations de la victoire contre l'Allemagne nazie, le 9 mai, il a fait sortir de son hangar poussiéreux l'Iliouchine IL-80 Maxdome. Cet avion, « sous cocon[1] » depuis 2010, a pour mission de permettre au commandant en chef russe de diriger ses forces du ciel après une frappe nucléaire sur le territoire. Il devait être le clou du spectacle aérien. Las, la mauvaise météorologie a conduit à l'annulation de toute cette séquence. Le Maxdome est reparti sous son cocon en attendant une autre occasion de nourrir ce narratif de l'atome patriotique.

Les armées russes utilisent également les zones nucléaires civiles pour abriter leurs opérations. Très tôt, dans les premières semaines du conflit, elles ont pris d'assaut le site nucléaire civil (six réacteurs) de Zaporijia[2] (sud du pays, en bordure du Dniepr). Des

1. Se dit d'un avion qui n'est pas en service, qui est placé sous hangar et bénéficie des opérations de maintenance nécessaires pour le jour où il serait à nouveau appelé à rejouer un rôle opérationnel.

2. La centrale de Zaporijia produisait au début de la guerre environ 38 milliards de kWh/an, soit un cinquième de la production d'électricité ukrainienne. Depuis l'arrêt du dernier réacteur de la centrale nucléaire de Tchernobyl, en l'an 2000, l'activité de cette centrale a été maintenue à un niveau très élevé pour assurer les besoins du pays. De nombreuses questions se posent sur l'entretien de cette centrale.

frappes sur des bâtiments administratifs à proximité des réacteurs avaient pu faire croire à un moment à un risque nucléaire pour la centrale. Le personnel ukrainien (mille employés) a pu poursuivre son travail et il semble qu'il n'y ait pas eu de dommages majeurs[1]. Des camions militaires et des batteries russes ont été installés à proximité des réacteurs, de façon à dissuader tous tirs de contrebatteries de la part des Ukrainiens. Mais il semble bien que Kiev, profitant de la précision des armes occidentales, ait cherché néanmoins à le faire. Selon le journaliste Didier François, les Ukrainiens ont également utilisé des drones pour frapper les objectifs militaires russes à proximité de la centrale[2].

D'où la confusion de l'été 2022 autour de la question : qui tire sur qui ? Les deux capitales s'accusent réciproquement de risquer de provoquer une catastrophe nucléaire civile au pays de Tchernobyl.

Les inquiétudes sont grandes, compte tenu de l'amateurisme dont ont fait preuve les Russes quand ils occupaient le site de Tchernobyl (nord du pays) au début du conflit. Quand ils ont récupéré la zone, les Ukrainiens se sont rendu compte que la soldatesque russe, ignorant complètement ce que représentait ce lieu, avait creusé des tranchées dans la « forêt rouge », une zone forestière ultra-radioactive qui a fait virer la couleur des pins, en 1986,

1. Depuis les attentats du 11 septembre 2001 aux États-Unis, les centrales nucléaires de nouvelle génération doivent être capables d'encaisser les effets de la chute d'un avion.

2. Entretien avec l'auteur.

lors de l'explosion de la centrale nucléaire soviétique. Des journalistes étrangers équipés de protections ont pu constater, avec des équipes ukrainiennes, qu'à l'approche des tranchées creusées par les troupes d'occupation russes, le dosimètre grimpait à 1 266 microsieverts (µSv/h) par heure alors que la norme est de 0,3 µSv/h[1].

Le feu vert du Kremlin, fin août 2022, pour une inspection de l'Agence internationale à l'énergie atomique (AIEA), sur le site de Zaporijia – à la suite d'une double intervention onusienne et française –, a fait naître un très léger espoir de voir cette zone « démilitarisée ». Jusqu'au prochain chantage poutinien.

La guerre en Ukraine a provoqué une sorte de tsunami aux conséquences mondiales dont j'ai tenté de décrire l'ampleur, ses cercles concentriques militaires et la profondeur de ses ondulations guerrières. Mais ce conflit ne nous parle pas seulement des ambitions hégémoniques d'un pays, la Russie, et de la résistance admirable d'un autre, l'Ukraine. C'est pourquoi il faut situer précisément les origines du mal, identifier le « point zéro » d'une cassure psychologique et idéologique qui affecte le monde entier et, surtout, identifier le réseau de ses ramifications souterraines. Pourquoi sont-elles si denses ? Qu'est-ce qui les alimente ? Où auront lieu les prochaines secousses sismiques ?

---

1. Lire « Tchernobyl, 35 jours sous emprise russe », *Le Monde*, 16 juin 2022.

Partie 2

Le grand retour du clan purifié

« Je suis convaincu qu'[une] auto-purification naturelle et nécessaire de la société ne fera que renforcer notre pays, notre solidarité, notre cohésion et notre capacité à relever n'importe quel défi. »

Vladimir Poutine, 17 mars 2022

8

L'ensauvagement

Le tragique épisode ukrainien a révélé la violence intrinsèque au modèle russe : exactions, crimes de guerre, viols et vols se sont multipliés durant « l'opération militaire spéciale » lancée par le Kremlin. Elle fait partie de l'ADN de l'armée russe et s'exprime en interne, avant de déborder en externe. Plusieurs milliers de soldats russes meurent chaque année « en exercice », du fait de l'abus d'alcool pour lutter contre l'ennui et des bahutages violents (bizutages) organisés par les officiers pour s'amuser. Quand les soldats de Poutine ont dû abandonner le siège de Kiev et les territoires du Nord qu'ils avaient conquis, les civils ukrainiens ont été abasourdis en voyant qu'ils laissaient à même le sol les cadavres de leurs camarades, complètement indifférents au culte sacré dans les armées des dépouilles des frères d'armes, et à la souffrance des familles (qui resteront sans nouvelles et sans corps pour faire leur deuil).

Grâce à un système de reconnaissance faciale et à Internet, les Ukrainiens ont procédé à l'identification des soldats ennemis tués. Ils ont ensuite retrouvé les coordonnées des familles et les ont prévenues que le corps de leur fils, frère, mari ou père était inhumé à tel ou tel endroit en terre ukrainienne. Un lieutenant-colonel de réserve s'est même spécialisé, avec quelques camarades, dans l'exhumation des cadavres pour tenter de les identifier et de recueillir des objets personnels à envoyer aux familles russes.

De la chair à canon

L'abandon de ces cadavres de camarades russes ne devait rien à la précipitation ou à la pression des combats. La retraite du Nord s'est faite en ordre. Les forces d'occupation ont préféré remplir leurs camions de vélos, d'ordinateurs, de fours à micro-ondes et d'autres rapines électroménagères[1]. Il n'y avait donc plus de place pour les cercueils. Le fait que ces unités venaient le plus souvent du fin fond de la Fédération de Russie (Bouriatie-Sibérie orientale, Caucase), où le niveau de vie est particulièrement faible, n'est pas sans lien avec ce comportement. Sur cette réalité documentée des pillages systématiques, qui se

1. Ces pillages massifs sont parfaitement documentés, notamment par les vidéos de surveillance des magasins dévalisés. On voit, par exemple, dans une supérette, les soldats voler tout ce qui s'y trouve, puis faire main basse sur la caisse comme dans les vidéos classiques de braquage.

sont accompagnés d'exactions contre les civils, Jonathan Littell apporte un regard aigu : « Les envahisseurs de la région de Kiev ont apparemment été rendus fous de rage par un ressentiment de classe[1]. » Dans une vidéo diffusée en ligne, un soldat russe s'exclame : « Oh, du Nutella ! Putain, ils ne se gênent pas. » Le maire de Boutcha a rapporté à Jonathan Littell le propos d'un soldat russe : « Tu te rends compte ? Ils ont de l'eau chaude dans les maisons, des toilettes en céramique. » Toute l'Ukraine est considérée comme un « terrain de vol collectif », lui expliquent ses interlocuteurs ukrainiens.

Cette réalité sociale transpire au travers des crimes de guerre russes. La Russie, pays malade de sa corruption et de la cleptomanie du pouvoir, est assise sur un tas d'or (ses richesses énergétiques), mais elle a le PIB de l'Espagne. On comprend alors pourquoi l'argent du gaz et du pétrole ne ruisselle pas jusqu'en Sibérie ou dans le Caucase, régions qui fournissent, pour l'instant, le gros de la chair à canon de l'armée d'invasion. Acculé par ses échecs successifs, Vladimir Poutine s'est résolu à l'automne 2022 à rappeler trois cent mille « réservistes », dont beaucoup semblent avoir peu ou pas d'expérience militaire. Cela va mécaniquement faire monter le niveau des pertes russes[2]

1. « Carnets de guerre de Jonathan Littell », *op. cit.*

2. Au début du septième mois de guerre, les sources crédibles consultées par l'auteur établissent les pertes des Russes à 24 000 morts et 51 000 blessés (soit 50 % des 150 000 hommes du corps de bataille initial) – le nombre de prisonniers et de déserteurs demeurant inconnu ; et à 19 000 tués et 20 000 blessés pour

et, avec lui, le spectre potentiel d'une réaction d'hostilité crescendo dans les régions pauvres (Sibérie, Caucase) les plus concernées par cette mobilisation forcée. Or, il se trouve que ces régions sont connues des spécialistes comme celles où la solidarité communautaire est la plus forte. Comment interpréter le fait que ce soit au Daguestan (Ciscaucasie) que les observateurs aient relevé les manifestations les plus violentes contre l'appel à rejoindre le corps d'invasion en Ukraine ? Une goutte d'eau, un signe avant-coureur ? Le cauchemar afghan (1979-1989) hante encore aujourd'hui le cerveau de Poutine avec le mouvement des mères des soldats tués en Asie centrale, que le pouvoir soviétique n'était pas parvenu à juguler : on ne fait pas taire une mère russe en deuil, qui ne sait pas comment et pourquoi son enfant de dix-neuf ans a été tué si loin de la mère-patrie. Avec le passage à la mobilisation – idée qu'il n'a cessé de rejeter pendant sept mois –, Vladimir Ier a-t-il lancé la machine infernale populaire qui le broiera ? La violence d'État permettra-t-elle, demain, de faire courber les têtes de « serfs » en révolte ?

Gangrène

Ce qui est central en Russie, justement, c'est l'univers de violence dans lequel baigne un pays vieillissant de cent

---

les Ukrainiens (sur une armée d'active de 200 000 hommes et plus de 200 000 réservistes et gardes nationaux).

quarante millions d'habitants vivant sur un territoire de dix-sept millions de kilomètres carrés. La journaliste russe Anna Politkovskaïa (assassinée en 2006) n'a cessé de le dénoncer en soulignant la terrible progression de la « sauvagerie », tout particulièrement depuis la guerre poutinienne en Tchétchénie (1999-2009) : « Telle une vilaine infection ou une gangrène, ce mode de pensée [violent...] se transforme en une tragédie nationale qui frappe toutes les couches de la société. Nous avons tous gagné en sauvagerie[1]. » L'invasion de l'Ukraine est venue ajouter un nouveau chapitre à ces cercles internes et externes de violence : violence vis-à-vis des appelés du contingent de la part des officiers, violence d'un État qui ment en permanence à son peuple et réécrit l'Histoire. Et ce, depuis si longtemps, avec la volonté de gommer toutes les aspérités rugueuses de son histoire : génocide d'une partie de la population ukrainienne en 1932-1933 ; alliance avec les nazis en 1939-1941 ; exécutions de masse des officiers polonais ; crimes du goulag ; violences bolcheviques et staliniennes ; violences d'une propagande qui abrutit les masses et asservit les médias ; violences à l'encontre des citoyens russes « dissidents ».

Les répressions contre les manifestants anti-Poutine sont dans la droite ligne de tout cela et elles n'ont cessé de se durcir au fil du temps, comme le souligne Alexandre Rodnianski, producteur de cinéma ukrainien qui a vécu pendant vingt ans à Moscou. Violences et

1. Anna Politkovskaïa, *Tchétchénie, le déshonneur russe*, Buchet-Chastel, 2003.

viols sont montés en puissance dans les commissariats : « La police russe a frappé et violenté les citoyens russes pendant des années, en ébouillantant certains, en violant d'autres avec des manches à balai. Une nouvelle acception d'un mot est apparue en russe : "embouteiller", qui veut dire "violer avec une bouteille[1]". » Pour lui, les policiers russes agissaient déjà chez eux comme se sont comportés leurs camarades soldats à Boutcha : « Toute la vie en Russie était empreinte de cette violence – il suffit de regarder l'épidémie de cas de violences domestiques faites aux femmes qui a gagné tout le pays[2]. » « Le voyou est devenu le symbole de la Russie. Pour moi, ce n'est pas seulement Poutine, mais l'ensemble du peuple », renchérit Viktor Erofeev, célèbre écrivain russe, soulignant comme Alexandre Rodnianski : « C'est notre inhumanité, notre attitude absolument horrible vis-à-vis de la femme comme objet de plaisir, d'humiliation, de domination [qui est responsable de cette dérive[3]]. »

Que ça te plaise ou non

Peu nombreuses sont les personnes à avoir noté dans le discours officiel poutinien une étrange référence. Avant l'attaque du sol ukrainien, le maître du Kremlin n'a pas hésité, pour résumer sa pensée, à

1. *Le Monde*, 6 mai 2022.
2. *Ibid.*
3. Entretien avec Laure Mandeville, *Le Figaro*, 3 décembre 2021.

citer publiquement une strophe d'une chanson paillarde russe que nous avons évoquée plus haut : « Que ça te plaise ou que cela ne te plaise pas, ma jolie, il faudra t'y faire. » Les spécialistes de la Russie et du monde slave (notamment Jean-François Colosimo que nous avions questionné alors) ont parfaitement identifié ici une allusion explicite au viol. Interrogé par un journaliste, le président ukrainien, Volodymyr Zelensky, qui avait saisi le sens du propos, a répliqué du tac au tac qu'il « ne serait pas la jolie » de Moscou. Depuis, Poutine essaye de violer l'Ukraine. Mais elle résiste bec et ongles à ses assauts, ce qui le rend furieux. Ne parvenant pas à ses fins, il a multiplié les frappes de punition (sur des objectifs civils). Les spécialistes des affaires de viol savent que c'est le comportement habituel d'un violeur qui ne parvient pas à dominer et pénétrer sa victime.

S'agissant du viol, non plus symbolique, mais concret, les cas en Ukraine sont légion. Les écoutes des services secrets occidentaux ont permis d'intercepter un échange entre un soldat russe et sa fiancée. Cette dernière le mettait en garde : « Surtout, pense à te protéger si tu dois violer des Ukrainiennes[1]. » Les unités russes présentes à Boutcha ont pratiqué viols, larcins, tortures et exécutions sommaires. Elles ont été collectivement récompensées par la remise d'une décoration, à leur retour, par Poutine.

1. Information confirmée à l'auteur de source occidentale (service de renseignement).

Lorsque les Russes ont évacué le nord de l'Ukraine, les habitants ont trouvé dans les caves des monceaux de bouteilles vides, de grandes quantités de préservatifs utilisés et parfois des cadavres de jeunes femmes, comme à Boutcha. Quand un de ses habitants a récupéré son local, voici ce qu'il a vu : « Elle était nue, sur le dos, la tête éclatée, les jambes et le ventre tailladés au couteau. Elle portait juste une chouba [un manteau de fourrure] et des claquettes, et elle regardait vers le haut. C'était une fille d'ici, elle vivait à Kiev, mais elle était revenue aider sa grand-mère. Ils l'ont gardée comme un jouet et puis, quand ils sont partis, ils lui ont mis trois balles dans le visage. La police en a trouvé deux, j'ai retrouvé la troisième après[1]. » Un envoyé spécial du *Monde*, dans une localité du nord-est de Kiev, rapporte les témoignages de celles qui ont subi la barbarie de la soldatesque russe et qui ont survécu : « Ils m'ont dit : “Si tu ne le fais pas, on va tuer ton fils.” J'ai accepté, parce que, faire une fellation, c'est moins grave que d'être pénétrée. Je suis enceinte. J'avais peur pour mon enfant[2]. » Une autre, les larmes aux yeux, confie au journaliste français : « Ils m'ont dit : “Soit c'est toi qui viens avec nous. Soit c'est ta fille. À toi de choisir.” Il a attrapé la main de ma fille et il a pointé son arme sur mon cou[3]. » La jeune femme part avec eux ; elle est sauvée du viol parce que, après l'avoir mise nue, les soldats russes ont vu qu'elle avait ses règles.

---

1. « Carnets de guerre de Jonathan Littell », *op. cit.*
2. *Le Monde*, 13 mai 2022.
3. *Ibid.*

9

Tribal-tripal

En temps de guerre, encore plus qu'en temps de paix, faire du mal à l'autre a toujours été facilité par le fait de le « chosifier ». Dans plusieurs villes du nord de l'Ukraine, les soldats et les exécuteurs de Poutine n'ont pas violé, torturé et exécuté des civils, des êtres humains sans défense, des femmes et des vieillards. Ils ont, ont-ils estimé, massacré des « nazis » ukrainiens, donc des « non-hommes ». Cette dérive est facilitée de nos jours par le réflexe clanique montant qui considère l'autre comme une menace par nature, et par conséquent une « chose » à effacer du paysage. Il n'est donc pas inutile de regarder de plus près ce qui stimule ce que j'ai nommé, dans mes précédents essais de géopolitique, le « syndrome du tribal-tripal ». Ou, pour dire autrement les choses, l'instinct primaire et primitif (les tripes) qui sous-tend l'adhésion à la tribu (le cercle protecteur), le plus souvent sur fond de complotisme. Plus le clan sera purifié de ses éléments allogènes, plus il sera protecteur.

Cette approche fut au siècle dernier la matrice du nazisme. Pour se protéger et se préserver des influences « impures », les Aryens s'étaient promis d'éliminer certains perturbateurs extérieurs : les Juifs et les Tziganes. Ainsi, à l'antisémitisme de gauche (les riches de la banque juive écrasent le prolétariat) et à celui de la droite catholique (ils ont tué le Christ), les doctrinaires nazis avaient ajouté un antisémitisme racial. Depuis la nuit des temps, les Juifs cherchaient, selon eux, à polluer le sang des Aryens pour les empêcher de remplir leur vocation : dominer le monde. Il fallait donc éradiquer cette « vermine[1] ».

Idéologiquement parlant, cette monstrueuse thématique de la « pureté » du groupe fait un retour en force dans notre monde. Même si elle ne prend pas nécessairement la forme raciale, radicale, du nazisme, elle débouche sur une demande de conformisme et de marqueurs identitaires qui fracture profondément la notion d'altérité (l'autre, différent de moi, donc une richesse). Ce sont les fondements de la civilisation qui sont aujourd'hui menacés. Pourquoi cela arrive-t-il maintenant, alors que l'on sait ce que ce type de dérive provoque ?

1. Pierre Servent, *Rudolf Hess. La dernière énigme du IIIe Reich*, Paris, Perrin, 2019.

Le tam-tam

Le spécialiste canadien des médias, à la fois sociologue, politologue et philosophe, Herbert Marshall McLuhan (1911-1980), était prophétique quand, au début des années 1960, il écrivait : « Le tam-tam du village global amène le retour des tribus[1]. » Les choses n'ont fait qu'empirer, la mondialisation succédant à la globalisation.

Loin de moi l'idée que la mondialisation n'a eu que des effets pervers. Elle a facilité la lutte contre la Covid. Elle a permis de réduire les écarts de richesse dans le monde et d'avoir un impact très positif sur la santé des humains[2]. Les pays émergents du Sud ont largement bénéficié de la mondialisation : ils représentent désormais 52 % du PIB mondial[3]. L'Asie-Pacifique, notamment, est particulièrement dynamique.

Mais elle a également eu un effet pervers qui est au cœur du retour tribal dont parlait McLuhan. Au lieu de créer plus d'universel (nous appartenons tous à la même pâte humaine, unissons-nous !), elle a plutôt entraîné plus de fragilités, de doutes sur le thème : qui suis-je dans cet univers ? Et si j'allais disparaître ? Où sont mes

1. Marshal McLuhan, *The Gutenberg Galaxy : The Making of Typographic Man,* University of Toronto Press, 1962.

2. La mondialisation a réduit de plus d'un tiers l'écart de richesse entre le Nord et le Sud. Voir l'article de Nicolas Baverez, « Les habits neufs du non-alignement », *Le Point*, 23 juin 2022.

3. *Ibid.*

frontières ? Ce qui a dopé les envies de sécessionnisme et de séparatisme[1]. L'autre, si proche, si lointain, fait peur désormais. Une partie de la population mondiale est prise de vertige face à cette nouvelle globalisation. Elle est saisie d'un mouvement instinctif de recul devant le vide. Mouvement qui la pousse à se replier sur des bases plus étroites, claniques, ethniques qui font place à « l'instinct de survie » face à la menace d'un « grand tout » niveleur. Entre fantasme et réalité, nombre de personnes craignent d'être submergées, remplacées, voire anéanties.

Et Poutine et ses relais ne sont pas les derniers à alimenter cette veine. Les médias aux ordres et les réseaux sociaux sont pour eux des outils de destruction massive de l'altérité, renvoyant dos à dos chacun à son groupe, sa famille de pensée, clivant toujours plus et ne fédérant jamais. Règne de l'apartheid, du ghetto : chacun chez soi avec un solide berger « bas-de-plafond » pour garder l'entrée.

Paradoxalement, les vecteurs numériques dédiés au départ au partage contribuent par leur violence et leur déni du réel à fissurer un peu plus le monde. Ce sont de puissants propagateurs de *fake news* qui dissolvent le lien et font monter la rage. Les régimes autocratiques s'en servent depuis longtemps grâce à des armées de

1. On ne voit comme contre-exemple que la pandémie de la Covid qui a plutôt conduit les États à s'entraider… pas toujours gratuitement.

trolls (notamment russes et chinois) qui inondent le Web de leurs Scuds propagandistes.

La nébuleuse salafiste de combat, version obscurantiste et totalitariste du sunnisme (Daech, al-Qaïda et ses nombreux franchisés), utilise aussi tous les instruments modernes de la révolution numérique au profit d'un combat qui s'inscrit depuis longtemps dans cette « philosophie » tribale. Elle est parvenue à utiliser la Toile comme instrument de recrutement et de terreur, les deux d'ailleurs se nourrissant, car la terreur fascine quand on en est le vecteur « pour la plus grande gloire de Dieu ». L'Autre – le sunnite non intégriste, le chiite apostat, les croisés chrétiens et les juifs – n'a pas d'autre choix que de devoir disparaître de la Terre. La singularité de l'être humain, qui fait sa beauté, est une offense à ce dieu, Allah, qu'ils ont pris en otage dans une version granitique du Coran. Retirer à l'autre sa tête (ces groupes sont spécialistes de la décapitation) est la traduction de cette volonté d'uniformité : au sens littéral, ils ne veulent voir qu'une seule tête, les autres sont décollées.

Aux Lumières des philosophes du XVIIIe – refus de la domination d'une religion, liberté de conscience, autonomie de pensée, culture universelle –, ces fanatiques de la pureté entendent faire succédcr le siècle des Ténèbres, celui de l'encagement de l'esprit, du conformisme absolu. Leur projet est totalitaire car il vise à une submersion du monde. Faisant cela « au nom de Dieu », ils occupent une place tout en haut de cette pyramide mortifère de la purification, mais ils ne sont pas seuls sur ce podium.

Pas de race mixte !

La très démocratique Union européenne n'échappe pas à la maladie tribale. Dans le registre de la purification de la race, le Hongrois Viktor Orbán occupe une place de choix. Ce grand ami de Vladimir Poutine n'a pas hésité, en pleine guerre en Ukraine, à demander à Moscou des tarifs gaziers préférentiels. Mais il y a plus grave, par rapport aux valeurs européennes. Aligné sur les positions de Poutine en matière de « pureté » du clan, il a déclaré qu'il ne voulait pas de société « multiethnique » : « Nous ne voulons pas être une race mixte » qui se mélangerait avec « des non-Européens », a-t-il dit. Les pays « où des peuples européens et extra-européens cohabitent ne sont plus des nations. Ces pays ne sont rien d'autre que des conglomérats de peuples ».

Devant la tempête soulevée[1] par des propos que les nazis n'auraient pas reniés, le gouvernement hongrois s'est défendu, par la voix de son porte-parole Zoltán Kovács, contre « une mauvaise interprétation » des propos par « des gens qui ne comprennent clairement pas la différence entre le mélange de différents groupes

1. Le Comité international d'Auschwitz s'est dit « horrifié » par les propos du leader hongrois.

ethniques de la sphère judéo-chrétienne, et le mélange des peuples de différentes civilisations[1] ». Très en verve dans le sordide, Viktor Orbán a, par ailleurs, fait une allusion aux chambres à gaz du régime nazi en fustigeant le plan de la Commission européenne, dirigée par l'Allemande Ursula von der Leyen, de diminuer de 15 %[2] la consommation européenne de gaz : « Je ne vois pas comment ils peuvent y contraindre les États membres, quoiqu'il existe un savoir-faire allemand dans ce domaine, comme le passé l'a montré[3]. » Une proche conseillère du Premier ministre hongrois, Zsuzsa Hegedüs, qui travaille avec lui depuis vingt ans, a donné sa démission, estimant qu'il « avait dépassé les bornes ». « Je ne sais pas comment vous ne vous rendez pas compte que les propos que vous avez tenus sont purement et simplement nazis et dignes d'un discours de Joseph Goebbels », écrit-elle dans sa lettre de démission.

Cela n'a en rien calmé le numéro un hongrois qui a développé son propos aux États-Unis, le 4 août, lors du

1. Intervention à l'université de Baile Tusnad, en Roumanie, le 23 juillet 2022.

2. Quinze pour cent, c'est en moyenne la baisse de consommation de gaz à laquelle chaque État membre de l'UE s'est engagé à parvenir selon l'accord entré en vigueur le 9 août 2022. Une période de transition a été prévue jusqu'en mars 2023. Plusieurs pays (dont la France) ont obtenu des dérogations, compte tenu de leurs contraintes particulières.

3. Intervention à l'université de Baile Tusnad en Roumanie, le 23 juillet 2022.

congrès annuel des conservateurs américains : « Nous devons coordonner le mouvement de nos *troupes* [*sic*], parce que nous faisons face au même défi. […] Les progressistes d'aujourd'hui tentent de séparer la civilisation occidentale de ses racines chrétiennes. Les horreurs du nazisme et du communisme se sont produites parce que certains États occidentaux avaient abandonné leurs valeurs[1]. » La salle était aux anges. Donald Trump a d'ailleurs pris la parole dans ce même cénacle.

La rage

La grande démocratie américaine, elle-même, a été contaminée et montre, si c'était nécessaire, que les démocraties sont des plantes extrêmement fragiles et non une donnée éternelle tombée du ciel. L'esprit clanique d'autoprotection ponctue aujourd'hui le monde de ses métastases. L'assaut du Capitole, le 6 janvier 2021, par les partisans de Donald Trump (qui s'apparente à une tentative de coup d'État sponsorisée par le président battu), fut un signal très fort de cette dérive tribale violente[2]. Le modèle politique américain, présenté

1. *Valeurs actuelles*, 5 août 2022.

2. Les auditions, par la commission d'enquête américaine sur les événements du 6 janvier, de certains proches de Donald Trump sur le comportement de leur chef durant ces heures fatidiques, donnent le sentiment d'être tirées d'un mauvais polar.

jadis comme particulièrement souple et collaboratif entre démocrates et républicains, est devenu une foire d'empoigne, clan contre clan, bleus (démocrates) contre rouges (républicains), pro-Trump contre anti-Trump, suprémacistes blancs contre le reste du monde.

Personnage à l'improbable crinière orange, éternellement campé sur un ring, Donald Trump aime à se vanter d'avoir la faculté naturelle de faire « enrager » les personnes qui l'écoutent, les adeptes comme les opposants. La rage est un marqueur puissant de ceux qui communient à la logique d'un clan. La rage serait-elle devenue le mode d'expression naturel de la race, comprise comme le clan réuni, enfin homogène, en guerre permanente contre les « autres » ? À voir la multiplication dans le monde des leaders « enragés » – c'est-à-dire qui font profession de mettre la rage dans le cœur de leurs fidèles disciples –, on peut le penser.

Durant son mandat (2016-2020), Trump a manifesté à l'égard des « deux grands démocrates » Vladimir Poutine et Kim Jong-un, une admiration marquée, flairant chez eux les mêmes instincts de « mâle dominant » que les siens. Il est même allé jusqu'à dire ouvertement qu'il avait plus confiance dans ce que racontait le maître du Kremlin que dans les rapports de

---

S'il y a peu de chances que l'ancien président soit condamné, le détail de ces minutes donne le vertige et le sentiment que ce coup d'État par la rue aurait pu avoir des conséquences encore plus graves.

ses propres services de renseignement[1]. Ces derniers avaient pointé du doigt les ingérences russes dans les élections américaines, notamment dans l'affaire des mails confidentiels que la candidate Hilary Clinton, alors ministre des Affaires étrangères, avait envoyés négligemment de sa boîte personnelle.

À Singapour, le 12 juin 2018, sa rencontre avec le dictateur coréen, qu'il avait traité auparavant de « *rocket man* » à cause de ses essais balistiques, l'a conduit à tenir des propos élogieux sur ce personnage, rejeton d'une dynastie de dictateurs qui détient son peuple en otage depuis plus de soixante-dix ans. Le président de la plus grande puissance du monde avait expliqué qu'il avait « bien senti[2] » le numéro un coréen dès leur première poignée de main. Une sorte de *mano a mano* entre grands carnassiers. La grande politique américaine s'en trouvait réduite à l'instinct primaire d'un personnage autocentré, violent, raciste et complotiste. C'est arrivé hier, cela peut revenir demain[3]. Jusqu'à quand tiendra le contrat social d'un pays qui a déjà connu une guerre de sécession dans son histoire (1861-1865) ?

1. *Le Figaro*, 16 juillet 2018.
2. *20 Minutes*, 12 juin 2018.
3. Le camp républicain semble réservé quant à un retour de Donald Trump, pas tellement à cause du style et des orientations du personnage, mais uniquement à cause de son âge.

Un mâle, des maux

Dans le même temps où il encensait Kim Jong-un et saluait l'honnêteté intellectuelle de Poutine, le président Trump n'a cessé de couvrir ses alliés de propos malveillants ou insultants. S'agissant de l'OTAN, il avait estimé qu'il ne se sentait pas concerné par l'article 5, le cœur du réacteur otanien, la clause dite des « Mousquetaires » : *un pour tous, tous pour un.* Il a toujours considéré l'Union européenne comme une sorte de ventre mou dépourvu d'attributs virils[1]. Il a laissé vacant pendant plusieurs mois le poste d'ambassadeur des États-Unis auprès de l'UE, tout un symbole.

En politique domestique, comme disent les Anglo-Saxons, il a largement contribué à fracturer encore un peu plus une société américaine qui l'était déjà avant son arrivée. Inoxydable, visiblement peu inquiet d'un risque d'inculpation à la fin du processus d'enquête sur les événements du Capitole, il prépare son retour pour 2025, pour venger sa réélection « volée » de 2021. Ses cravates rouge sang en saillie, la perpétuelle gestuelle du boxeur ou du danseur, les tweets vengeurs en rafale sont devenus autant de signes de ralliement pour son clan.

1. J'avais fait le calcul à l'époque : le président Trump dans les premières semaines de son mandat avait insulté directement ou indirectement environ une quarantaine de pays.

Désormais, aux États-Unis, chacun campe sur des positions politiques, philosophiques, religieuses, éthiques irréconciliables (avortement, mœurs, armes, rôle du fédéral par rapport aux États). Il n'y a plus guère que l'égale détestation de la Russie et de la Chine qui fasse consensus des deux côtés du Capitole. Pour le reste, c'est la guerre de tranchées. « Les deux partis ressemblent aujourd'hui à deux tribus hostiles, note, dans *Le Figaro*, Adrien Jaulmes, correspondant à Washington de ce quotidien. Les deux camps ne se comprennent plus, ne se parlent presque plus et ne partagent plus grand-chose, y compris les faits. La polarisation est telle que ces deux tribus sont chacune persuadée de se défendre face à une menace existentielle[1]. »

Qui garde les gardes ?

Également en voie de radicalisation, la Cour suprême américaine est d'ailleurs en train de devenir elle-même la chambre d'écho de ces profondes fractures sociétales (l'avortement et le port d'arme : fragilisé pour le premier, renforcé pour le second). Les pères fondateurs de la démocratie américaine, si attachés aux valeurs d'équilibre et de contre-pouvoir, doivent se retourner dans leur tombe. De retour des États-Unis, le

1. *Le Figaro*, 30 et 31 juillet 2022.

directeur de l'IFRI Thomas Gomart, s'en inquiète : qui garde les gardes ? Que se passe-t-il quand les garants de l'équilibre des pouvoirs tanguent eux-mêmes[1] ? Quelle sera la force supérieure pour garantir la Constitution si le chaos surgissait dans cette vieille démocratie ? L'armée ? On sait que, durant l'hiver de la campagne de 2020-2021, le général Mark Milley, chef d'état-major interarmées américain[2], avait pris sur lui de contacter son homologue chinois pour lui faire savoir que son pays n'avait aucune intention hostile à l'encontre de la Chine. En subliminal, cela voulait dire : si Donald Trump veut nous lancer dans une guerre préventive pour muscler encore son profil de candidat chef de guerre, il en sera empêché. Je n'ai pas connaissance dans l'histoire américaine d'un précédent de ce type[3].

1. Entretien avec l'auteur.
2. Le plus haut responsable de la hiérarchie militaire.
3. À l'été 2022, la résidence secondaire de l'ancien président a été perquisitionnée par le FBI à la recherche de documents officiels qu'il aurait illégalement conservés par-devers lui après avoir quitté la Maison-Blanche. Nul doute que cela n'a fait qu'augmenter la rage de son clan, hurlant à la persécution de leur gourou rougeoyant. Donald Trump a donné le ton, en expliquant que la police fédérale y avait sans doute « placé » des preuves contre lui. Des documents classifiés (concernant notamment le nucléaire) ont été effectivement découverts et mis sous scellés.

10

Après la réunification forcée, la rééducation

La Chine connaît depuis longtemps ce goût forcené pour la cohésion du groupe au détriment de la personne. Les corps étrangers sont une menace pour l'harmonie de l'ensemble et M. Xi entend les éliminer pour éviter à son empire le délitement de l'URSS. En plaçant en camps de rééducation les Ouïgours musulmans, les Han au pouvoir[1] ne font pas autre chose que de chercher à les « purifier » de leur culture propre, par l'endoctrinement politique et social. Les éléments déviants ou récalcitrants doivent s'aligner sur la culture dominante et sur le dogme de la pensée de Xi Jinping. En juillet 2022, en pleine tension avec Pékin au sujet de l'île démocratique de Taïwan[2], sur le plateau de BFM,

1. L'ethnie dominante au pouvoir : 92 % de la population. C'est le plus grand groupe ethnique du monde avec 1,3 milliard d'individus.

2. À la suite de la visite de la présidente de la Chambre des représentants américaine, Nancy Pelosi.

l'ambassadeur de Chine à Paris, Lu Shaye, a expliqué qu'après la « réunification », inévitable avec le retour un jour de Taïwan dans le giron de la Chine rouge, suivrait inévitablement une période de « rééducation ». Le diplomate n'évoquait même plus la fiction du : « Un seul pays, deux systèmes », qui a volé en éclats à Hong Kong.

Certains documents secrets chinois permettent de comprendre encore mieux la philosophie de Pékin. « Les forces séparatistes et les personnes "à double face" [les traîtres à la patrie] doivent être écrasées et réduites à néant », expliquait en 2008, dans un document interne, Chen Quanguo, secrétaire du Parti communiste chinois (PCC) du Xinjiang (Grand Ouest chinois). Le propos, rendu public grâce à une fuite de documents, puis publié par un consortium de journaux occidentaux, visait explicitement la minorité musulmane sunnite (turcophone) des Ouïgours. Dans ces *Xinjiang Police Files*, il était expliqué que la politique du nouvel homme fort de la Chine, Xi Jinping, ne saurait s'accommoder d'aucun laxisme en matière de nationalisme : « Il ne faut pas baisser la garde » car, disaient-ils, le Xinjiang est la province « où les États-Unis complotent contre la Chine pour la contrôler[1] ».

On est saisi par le parallélisme avec la Russie : là-bas aussi, l'autonomie de pensée est une « déviance »

1. Voir sur ce point le dossier : « Ouïgours : au cœur de l'appareil répressif », *Le Monde*, 25 mai 2022.

inacceptable. Elle ne peut qu'être le fruit d'une « main noire » étrangère, américaine en l'occurrence. Les autorités russes ont depuis longtemps imposé aux ONG internationales d'inscrire sur leurs documents la mention : « Agent étranger », une dénomination qui évoque implicitement les services secrets occidentaux. On se souvient qu'à l'époque soviétique, les dissidents étaient souvent internés dans des hôpitaux psychiatriques, car penser différemment du catéchisme marxiste-léniniste ne pouvait relever que de la maladie mentale[1]. Nous y voilà revenus.

Par ailleurs, le Kremlin a annoncé que l'école allait renforcer son enseignement patriotique pour la jeunesse russe (mais aussi pour les Ukrainiens déportés en Russie en marge des combats dans leur pays) et que les programmes seraient définitivement purgés des « contre-vérités » importées d'Occident. Il semble que ce soit l'un des principaux conseillers de Vladimir Poutine, Nicolaï Patrouchev, secrétaire du Conseil de sécurité nationale de la Fédération de Russie, qui ait depuis longtemps entrepris de convertir son chef à ce grand plan d'endoctrinement civique et patriotique de la jeunesse. L'objectif est de les détourner d'une fascination pour l'Ouest : plutôt Masha[2] que la Reine des neiges. L'amour de la *rodina* – la patrie, en russe – doit

1. Des articles de presse commencent à évoquer cette pratique à propos de la Chine.

2. Héroïne typiquement russe d'une série télévisée pour enfants : Masha (la petite fille) et Michka (l'ours) sont amis.

être décliné sur tous les modes et tous les tons, tandis que les camps de vacances, à objectif d'endoctrinement, devraient se développer à partir de la rentrée 2022. Rien n'est laissé au hasard et, comme pour les Jeunesses hitlériennes, la délation est encouragée comme expression supérieure d'un patriotisme intransigeant. Une professeure d'anglais russe, qui critiquait la *guerre* en Ukraine, a été enregistrée puis dénoncée par l'un de ses élèves. Elle a été condamnée à quatre années de prison avec sursis et trois ans d'interdiction d'enseigner[1]. Les jeunes générations ne sont pas épargnées par le goulag de la pensée : en se retirant depuis peu des standards européens de Bologne en matière d'études supérieures, le gouvernement russe empêche ses meilleurs sujets de suivre des cursus universitaires de haut niveau à l'étranger. La chape de plomb idéologique est donc de plus en plus étanche pour un formatage mental de plus en plus strict. Les récalcitrants, s'ils le peuvent financièrement, n'ont plus d'autre choix que l'exil.

Les loups guerriers

En Chine, ce même mouvement de mise en conformité historique et doctrinal connaît un fort appui au sein de la population, notamment de la part de la jeune génération. Plusieurs témoignages de spécialistes

1. *Le Figaro* du 12 août 2022.

occidentaux, recueillis par l'auteur, vont dans ce sens. Les diplomates chinois dans le monde – surnommés les « loups guerriers » par la presse internationale, pour une agressivité très éloignée des codes traditionnels de la diplomatie[1] – expliquent en substance à leurs interlocuteurs qu'ils ont bien tort de vouloir entraver la marche en avant de la Chine, de la critiquer sans cesse, sur Hong Kong, Taïwan ou les Ouïgours, car les jeunes Chinois sont encore plus nationalistes que les plus anciens, et feront payer très cher ces humiliations...

L'ombre de Taïwan plane sur ce type de propos. Le refus de Taipei, de plus en plus appuyé militairement par les Américains, de rentrer dans le rang est absolument insupportable aux yeux de Xi Jinping et des ultranationalistes chinois. Ces derniers invitent d'ailleurs humblement le numéro un à prendre exemple sur Poutine et l'Ukraine : l'invasion sans délai ! Taipei est un insupportable crapaud[2] qui nuit gravement à la pureté du diamant chinois. Aussi le directeur de la CIA, William Burns, est-il convaincu que la question, désormais, n'est pas de savoir si la Chine va entrer en guerre pour récupérer Taïwan mais *quand* elle va le faire[3].

1. En mars 2021, l'ambassadeur de Chine à Paris avait qualifié d'« âneries fallacieuses abominables » des propos tenus par le ministre des Affaires étrangères français, Jean-Yves Le Drian, mettant en cause la politique chinoise répressive contre les Ouïgours dans le Xinjiang.

2. Bulle dans la pureté d'un diamant.

3. Déclarations le 21 juillet lors d'un colloque.

11

Poutine et les parasites

Mais, en fait, de quoi parle-t-on quand on évoque le « régime russe » ? Un temps, les politologues l'ont désigné sous le vocable de « démocrature » : démocratie + dictature. Cela ne correspond plus à la réalité actuelle. Le Kremlin dérive dangereusement vers un régime de nature totalitaire. Le président de la Fédération de Russie, qui s'est projeté au pouvoir jusqu'à 2034 (il aura quatre-vingt-deux ans et déjà trente-quatre ans de pouvoir), est passé en vingt ans de la démocrature à la dictature, de la dictature à une amorce de totalitarisme[1].

1. Maintien indéfini au pouvoir (absence d'alternance politique), élimination de la presse libre, conditionnement des masses par une propagande d'État, élimination (y compris physique) des opposants et des transfuges, référendums truqués en Crimée (2014) et dans quatre autres oblasts (2022), captation des richesses par une camarilla, falsification de l'Histoire, endoctrinement de la jeunesse, propos bellicistes et belliqueux, mépris absolu du droit international, mensonge permanent, camps de rééducation et/ou de déportation (avec des prisonniers ou déplacés ukrainiens).

Le fait qu'il soit adulé par une partie de la population ne change rien à l'affaire : le culte du chef est intrinsèque à ces régimes. Staline et Hitler aussi étaient aimés par une grande majorité de leur peuple.

Le régime, d'ailleurs, affiche la couleur et ne fait plus semblant de ressembler vaguement à une démocratie. Le contrôle des esprits et des consciences n'a cessé de s'étendre. Avant la guerre en Ukraine, il existait encore un unique support libre par type de média (presse écrite, radio, télévision...). Simple artifice pour pouvoir dire : « Regardez, on peut me critiquer, la presse est libre chez nous », mais qui n'existe même plus désormais. Les derniers journalistes indépendants ont quitté le pays et tentent de poursuivre leur métier de l'extérieur, via les réseaux sociaux. Les médias sont aux ordres, débitant chaque jour les bobards les plus extravagants du régime. Florilège des plateaux de télévision : un bordel pour zoophiles a été créé au Danemark ; les soldats ukrainiens sont devenus des sauvages au combat parce qu'ils ont été génétiquement modifiés dans les laboratoires américains installés en Ukraine ; une législation européenne permet aux pédophiles d'entrer dans les écoles pour se servir... Les services de renseignement occidentaux ont tenté de diffuser en Russie une contre-information, illustrant par des exemples concrets ce qui se passait réellement en Ukraine. Il semble que les résultats soient très décevants. La grande masse russe reste inerte. Des familles vivant en Ukraine ont tenté d'expliquer les destructions russes à leurs proches vivant en Russie. Ici aussi en vain, la famille russe refusant de les croire. La plupart du temps, les relations familiales ont été rompues.

Les racailles

La propagande d'État russe vend, et depuis quelque temps déjà, l'idée que l'Occident est à nouveau aux mains des nazis. Ancienne correspondante du *Monde* en Russie, Isabelle Mandraud me raconte : « Quand je suis arrivée en poste, j'ai très vite été invitée à des rencontres, notamment avec des oligarques expliquant tous les bienfaits du régime. Et puis j'ai commencé à décrire, dans mes articles, la réalité de la vie en Russie sous Poutine. À partir de là, j'ai été traitée de "nazie". » Ce terme est donc sciemment utilisé depuis plusieurs années déjà contre les « ennemis » du régime. Il fonctionne car il réveille instantanément dans la population le souvenir mythifié de la « grande guerre patriotique » contre le IIIe Reich. Chauffés à blanc, certains citoyens russes ont écrit sur leur voiture le slogan suivant : *Berlin 1945, pourquoi ne pas le refaire ?* Cette rhétorique, matraquée depuis longtemps, est à l'œuvre dans les exactions commises par les soudards russes dans le nord de l'Ukraine. L'autre, devenu un « nazi », un monstre, mérite son sort…

Ce vocable utilisé contre les autres n'a pourtant jamais été aussi près de désigner ceux qui l'utilisent sans vergogne. Au début de la guerre, le maître du Kremlin a évoqué l'indispensable purification du pays : « Bien sûr, ils [les Occidentaux] vont essayer de parier sur la fameuse cinquième colonne, sur les traîtres, sur ceux qui gagnent leur argent ici, mais qui vivent ailleurs. Qui vivent, pas dans le sens géographique, mais dans le sens de leurs pensées, de leurs pensées serviles. Tout peuple, et en particulier le peuple russe, sera toujours capable de distinguer les vrais patriotes de la racaille et des traîtres et de les recracher comme un moucheron qui a accidentellement atterri dans leur bouche. L'Occident veut diviser notre société, provoquer une confrontation civile en Russie et utiliser la cinquième colonne pour atteindre son objectif. Et il n'y a qu'un seul objectif : la destruction de la Russie. Mais ils n'y parviendront pas. Je suis convaincu que cette auto-purification naturelle et nécessaire de la société ne fera que renforcer notre pays, notre solidarité, notre cohésion et notre capacité à relever n'importe quel défi[1]. » Une autre citation semble encore davantage sortie d'un manuel nazi : « Notre monde russe est un jardin qui doit être cultivé, traité contre les *parasites* [souligné par l'auteur], débarrassé des mauvaises herbes, réformé et agrandi. Ni la “main invisible du marché” ni “l'investisseur intéressé” ne feront ce travail pour nous[2]. »

Toutes ces mauvaises herbes sont donc éradiquées les unes après les autres. La dissolution par la Cour

1. Agence Reuters, 17 mars 2022.
2. *Politique internationale*, nº 176, *op. cit.*

suprême russe, en décembre 2021, de l'ONG Memorial en est un exemple frappant[1]. Elle travaillait sur les crimes du stalinisme, de l'époque soviétique et sur une période plus contemporaine (les deux guerres de Tchétchénie). Elle avait également fait des recherches sur les assassinats d'opposants politiques, comme Boris Nemtsov, ou de journalistes, comme Anna Politkovskaïa (qui avait étudié les crimes de guerre en Tchétchénie), sur la mort suspecte d'oligarques russes et de leurs familles vivant à l'étranger[2] au début de la guerre en Ukraine, sur les tentatives d'empoisonnement d'anciens agents secrets ayant fait défection. Memorial avait également documenté l'utilisation par le Kremlin d'une milice paramilitaire criminelle (du nom de Wagner, en hommage au compositeur favori d'Hitler), pour se tailler des fiefs miniers en Afrique et monter

1. La « justice » russe s'acharne également contre les représentants les plus emblématiques de Memorial : ainsi Iouri Mitriev, soixante-cinq ans, a été condamné en décembre 2021 à quinze ans de détention dans une colonie pénitentiaire à régime sévère. Comme bien d'autres, cet historien avait eu le tort de documenter certaines phases encore floues des crimes de Staline. Il a été condamné, à la suite d'une longue procédure, pour détention d'images pornographiques qu'il aurait montrées à sa fille adoptive… Depuis février 2022, ceux de ses dirigeants de confession juive trouvent fréquemment des têtes de cochon devant leur appartement tandis que leurs portes sont couvertes de graffitis antisémites.

2. Plusieurs d'entre eux ont été retrouvés chez eux pendus, leur famille massacrée dans la maison, en un simulacre de suicide après un drame familial.

des opérations de guerre informationnelle contre les démocraties (notamment la France).

Elena Zhemkova, directrice exécutive de Memorial, souligne que Poutine utilise la baguette de la peur afin de ramener tout le monde au bercail : « La peur, en Russie, est une question qui touche à des réalités profondes. […] Elle constitue un des plus terribles héritages de l'époque soviétique. Au bout d'un moment, en URSS, on n'a plus eu besoin de tuer les gens par dizaines de milliers : il suffisait d'un procès exemplaire, et la peur revenait. »

Le sabre et le goupillon

La peur… et la ferveur. Le régime fait flèche de tout bois pour assurer sa survie. Le sabre et goupillon (la violence d'État et la spiritualité instrumentalisée) sont régulièrement mobilisés pour souder les masses. Les membres du clan sont appelés à communier dans une même adoration de l'uniforme et de la chasuble. Les injonctions du régime à faire ainsi corps transforment immanquablement les récalcitrants et les intellectuels non alignés en *parasites* vendus à l'étranger.

Comme jadis à l'époque des tsars, Vladimir Poutine n'a cessé de cajoler l'alliance du sabre et du goupillon. Le patriarche orthodoxe de Russie, Kirill, a assuré le Kremlin de son plein soutien et de celui de l'Église de Russie pour son « opération militaire spéciale » en

« pays frère ». Le fait que les Russes massacrent des frères slaves orthodoxes, parfois avec le concours de milices musulmanes tchétchènes appelées en renfort, n'a pas été de nature à l'inciter à la réserve. Le patriarcat de Kiev a aussitôt rompu avec celui de Moscou, une déchirure spirituelle s'ajoutant à celle, temporelle, déclenchée par l'invasion russe.

Le mensonge, apanage suprême du Kremlin

Outre la peur, sévit le mensonge. On se souvient qu'après la rencontre du 4 février à Moscou des présidents français et russe, lors de leur conférence de presse commune, Vladimir Poutine avait expliqué aux journalistes, mi-figue, mi-raisin, qu'Emmanuel Macron « l'avait torturé pendant cinq heures ». Galéjade, avait-on pensé alors. Il faut pourtant être attentif aux paroles – et aux écrits – des dictateurs, qui sont parfois très révélatrices de leur fonctionnement. Le Russe décrivait sans doute une sensation réellement éprouvée lors de son long échange avec Emmanuel Macron : celle de la brûlure provoquée par la rationalité du discours du Français cherchant à tracer les contours d'une architecture de sécurité fondée sur le réel, le droit et la négociation face à un interlocuteur qu'il croyait, naïvement, encore accessible au bon sens et à la raison. Enfermé dans son monde parallèle peuplé de chimères, prisonnier de son discours paranoïaque[1], le maître du Kremlin a réellement souffert.

Le président français a confié alors à son entourage ne pas avoir reconnu celui qu'il avait reçu dans le cadre intime de Brégançon deux ans et demi plus tôt. Poutine avait refait devant lui le monde et réécrit l'Histoire comme si l'altérité n'existait plus. Un discours d'enfermement totalitaire. Un discours avec lequel il va falloir composer car Poutine ment comme un arracheur de dents… mais il croit le plus souvent à ses mensonges. Une réalité avec laquelle la diplomatie se retrouve impuissante à travailler car elle a besoin du « réel » pour tracer les lignes de compromis en cas de conflit. L'approche fantasmatique du Kremlin n'offre guère d'envie de coudre, mais ouvre plutôt un boulevard à l'envie d'en découdre.

Posture et imposture sont les deux mamelles du régime poutinien. Comme à la grande époque soviétique, il s'agit avant tout de travestir la réalité, au point de ne plus savoir discerner le mensonge de la vérité factuelle. Un exemple parmi mille : la Russie ne fait jamais la guerre, seulement des « opérations spéciales » quasiment « humanitaires ». C'est le sens de la justification hallucinante de l'« opération militaire spéciale » en Ukraine. Lors de la seconde guerre de Tchétchénie (1999-2009), le Kremlin a avancé l'explication d'une

1. Le 21 février 2022, quelques jours avant l'entrée en guerre, un communiqué élyséen condamne « la dérive idéologique » et « le discours paranoïaque » de Vladimir Poutine qui venait de reconnaître les deux oblasts sécessionnistes du Donbass ukrainien.

« opération antiterroriste ». Les populations civiles (notamment dans la capitale Grozny) ont été broyées par l'aviation et l'artillerie russes, exactement comme dans le Donbass, vingt ans plus tard. La guerre de Géorgie (2008) était, quant à elle, « humanitaire » pour défendre les populations russophones menacées par Tbilissi.

En Syrie – à partir de 2011 en sous-main, puis au grand jour en 2015 –, il s'agissait de répondre à la demande d'aide du pouvoir syrien aux prises avec des « terroristes internationaux ». On sait, aujourd'hui, que l'aviation russe a surtout massacré (notamment à Alep) des civils et des opposants non djihadistes à Damas. Les djihado-terroristes de Daech ont été très peu ciblés par Moscou, contrairement à la rébellion modérée dont Alep était le bastion. Tous les moyens ont été bons pour l'emporter, notamment le fait de bombarder sciemment les civils afin de casser le moral de la résistance à Damas. Les bombardiers russes se sont ainsi systématiquement servis des coordonnées GPS données au début des hostilités par les hôpitaux de campagne de la rébellion (Alep) à l'ONU pour ne pas être visés par les belligérants. Ces antennes médicales, erreur funeste, se sont vues frappées avec une parfaite précision par les Sukhoï-34 russes. Au décollage, ces avions qui s'envolaient pour commettre des crimes de guerre étaient bénis par des popes orthodoxes[1].

1. Voir *Le Monde*, 25 avril 2022.

En 2014, lors la première guerre d'Ukraine, il s'agissait déjà pour Moscou de s'opposer aux menées des « nazis » de Kiev qui, par la révolution de Maïdan, étaient en train de livrer le pays à l'OTAN. Quant à l'invasion de 2022, on en connaît le motif : dénazifier, démilitariser, arrêter un génocide dans le Donbass. Il s'agissait également, comme je l'ai déjà dit, d'arrêter les « drogués » au pouvoir à Kiev et particulièrement le président Zelensky, régulièrement présenté par la propagande russe comme un homme en permanence « sous psychotropes[1] ». Venant du monde de la comédie et de la télévision, il a le profil idéal pour ce cliché des plus grotesques.

Ces mensonges sont faits à dessein. La fin militaire justifie les moyens. Et, peut-être sans le savoir, Vladimir Poutine se conduit en la matière en fils spirituel d'un fin stratège, Helmuth von Moltke : « La paix éternelle est un rêve et pas même un beau rêve. La guerre est d'ordre divin ; elle est un principe d'ordre dans le monde. [...] Sans la guerre, le monde succomberait au matérialisme. [...] Dans toutes les guerres, il doit être établi que tous les moyens sont bons, *sans excepter les plus condamnables* [souligné par l'auteur]. » Gageons que le chef de guerre russe souscrirait sans ciller à ce propos martial du chef d'état-major prussien, peu avant la funeste guerre de 1870 qui vit la défaite de la France de

1. Dmitri Medvedev l'a encore répété à Darius Rochebin, le 26 août 2022, lors de son interview sur LCI.

Napoléon III. Poutine, le maître du chaos, ne se privera jamais d'un procédé condamnable, dès lors qu'il peut lui procurer la victoire. La loi du plus fort est toujours la meilleure. C'est elle qui fait l'Histoire, pense le Moltke des temps modernes qui siège sous les bulbes dorés de la place Rouge.

La Russie a quitté la Terre !

Poussé jusque dans ses extrêmes, même grossiers, le mensonge est utile et c'est tout un art. Pour Vladimir Poutine, mentir est une seconde nature. Cela a considérablement déstabilisé les chefs d'État et de gouvernements occidentaux lors des échanges qu'ils ont eus avec lui. Dans les tête-à-tête diplomatiques, la règle est de se parler franchement, en mettant sur la table des faits avérés. Comme des photographies satellitaires qui « parlent » d'elles-mêmes. Elles peuvent être gênantes pour l'une des parties, parfois pour les deux si l'autre partie dispose également dans son dossier d'une réplique de même nature. Tout cela se joue à huis clos. L'absence de caméra facilite la fluidité des échanges. Ensuite, on regarde comment trouver une sortie honorable pour les deux parties.

Avec le « mage du Kremlin », ces séquences ont rapidement tourné au cauchemar. L'Américain Barak Obama et l'Allemande Angela Merkel avaient déjà rapidement jeté l'éponge en constatant que rien ne pouvait le faire sortir de son habitude de mentir en permanence, y compris *face to face*. Espion un jour, espion toujours. L'homme est resté un indécrottable agent du KGB. Le fait que la chancelière allemande, originaire de l'Allemagne de l'Est, puisse converser avec lui sans interprète, aussi bien en allemand qu'en russe, n'a rien changé à l'affaire, n'a pas permis d'atteindre plus facilement le cortex de Poutine. Las… « Il navigue dans un autre monde », a-t-elle confié, exaspérée, à ses proches. Les Britanniques, quant à eux, ne voulaient plus faire le moindre effort diplomatique en direction de Moscou depuis que les exécuteurs des basses œuvres du Kremlin avaient tenté sur leur sol d'assassiner (au Novitchok, agent toxique innervant, datant des années 1970) l'ancien agent du KGB Sergueï Skripal et sa fille Loulia en 2018. Sans doute Emmanuel Macron lui-même a-t-il commencé à se poser des questions quand, après avoir expliqué en tête-à-tête à Poutine que la tentative d'empoisonnement de l'opposant Alexeï Navalny[1] n'était pas du meilleur goût, il a entendu Vladimir Poutine lui répliquer sans broncher : « Emmanuel, qu'est-ce qui te permet

1. Les agents russes du GRU (opération et renseignement militaire) avaient imbibé de poison le slip de l'opposant Navalny, après avoir pénétré dans sa chambre d'hôtel en Allemagne. Ce dernier était parvenu à les confondre, à la suite d'un appel téléphonique direct où il s'était fait passer pour l'un de leurs supérieurs. L'enregistrement des échanges est sans ambiguïté et prouve à la fois l'implication des services russes et leur amateurisme.

d'exclure la possibilité que Navalny ait fait cela lui-même pour nuire à la réputation de la Russie[1] ? »

« La Russie a quitté la Terre depuis longtemps ! » a constaté devant moi un officier général français de haut rang.

Aux origines du mal se trouvent donc un désir irrépressible de retour à la pureté du clan et une forme de désinhibition par rapport à la violence comme mode de règlement des différends. À écouter certains leaders, purification et rééducation seraient en passe de devenir la martingale parfaite pour souder les peuples dans une période anxiogène et belligène. Le mensonge permanent, la falsification de l'Histoire, la propagande d'État entourent d'une couche épaisse cette approche. La différence avec le passé, non exempt de ces pratiques, c'est qu'un peu partout dans le monde, des peuples apeurés en redemandent...

Ce qui, nous allons le voir dans ce qui suit, complique considérablement le travail de la diplomatie et le fonctionnement des systèmes internationaux de paix et de sécurité. Comment s'entendre quand on ne se comprend absolument pas, quand la même réalité est décrite de façon totalement irréconciliable ? Pour l'un, le verre est plein ; pour l'autre il est vide. Il en émerge une logique destructrice : chacun pour soi et le diable pour tous. Comment y résister, quand plane la menace nucléaire ? Que reste-t-il de l'ONU, quand

1. Confidences faites par l'entourage du président français.

son Conseil de sécurité permanent accueille un criminel multirécidiviste (Poutine) et un empereur totalitaire (Xi Jinping) ? Dans cette période chaotique, l'Europe peut-elle enfin nouer les fils qui conduisent à la puissance ? Pour éviter des dépendances économiques mortifères, faudra-t-il demain ne faire des affaires qu'avec des pays proches de ses valeurs ? Allons-nous vers un monde binaire homogène : autocratie contre démocratie ?

Partie 3

La dérive des continents

« L'âme résiste aux maux auxquels elle est pré-
parée. »

Sénèque

12

Une architecture de sécurité caduque

La fracture ouverte par l'agression russe ne va pas se refermer de sitôt. Pas seulement parce qu'elle crée désormais un trou béant entre les peuples russe et ukrainien, pas uniquement parce qu'une guerre de partisans va s'étendre dans toutes les zones conquises par Moscou, mais parce que cette secousse va affecter le monde entier durablement. Les historiens diront peut-être que le XXIe siècle est né non pas le 11 septembre 2001, avec l'attentat d'al-Qaïda contre les États-Unis, mais le 24 février 2022, avec la guerre en Ukraine. La guerre n'est pas mondiale au moment où j'écris ce livre – espérons qu'elle ne le devienne pas –, mais elle est déjà « mondialisée », pour reprendre l'expression du professeur en relations internationales, Bertrand Badie.

L'onde de choc est planétaire : vives tensions économique et financière sur fond de sanctions massives contre les Russes et de redéfinition de la carte des approvisionnements énergétiques, crise des réfugiés, crises alimentaires pour les pays du Sud[1], poussées inflationnistes, transferts massifs d'armements vers l'Ukraine (avec des risques potentiels ultérieurs de dissémination), menace d'extension du conflit vers la Moldavie ou la Géorgie… voire plus loin. Notre monde se dérobe sous nos pieds. Le président français Emmanuel Macron a eu raison de dire, à la rentrée 2022[2], que le temps de l'abondance, des évidences et d'une certaine insouciance était révolu. Face à la montée en puissance des régimes autoritaires, il a demandé aux Français d'accepter de payer le prix de la liberté : « Notre régime de liberté a un coût, qui peut exiger des sacrifices. » Comment ne pas approuver ce langage de vérité ? Mais en sommes-nous capables ?

Certains feignent, en Europe, de se raccrocher à l'idée, fausse, selon laquelle une bonne négociation diplomatique en Ukraine (c'est-à-dire Kiev acceptant de perdre une bonne partie de son territoire) permettrait de reprendre le cours de la vie d'avant. D'autres distillent la petite musique du renoncement, de la lâcheté et de la peur. Ils demandent la levée des sanctions contre l'envahisseur russe pour permettre un retour à la normale. Comme dans les années 1930, face à la montée des périls, les sots et les dévots pro-Poutine ne désarment pas, par idéologie, par paresse intellectuelle ou par lâcheté.

1. L'Ukraine exportait, avant la guerre, 12 % du blé mondial, 15 % du maïs et 50 % de l'huile de tournesol.

2. Conseil des ministres, 24 août 2022.

La guerre d'Ukraine n'est pas achevée, mais on comptabilise déjà les dégâts. En premier lieu, l'architecture de sécurité internationale édifiée après la Seconde Guerre mondiale n'existe plus. Vladimir Poutine l'a fait voler en éclats. Il a violé le sacro-saint principe de la charte des Nations unies qui protège la souveraineté et les frontières des cent quatre-vingt-treize pays recensés au sein de cette instance. Comme la Société des nations (SDN) dans les années 1930, l'Organisation des nations unies (ONU) est désormais « en état de mort cérébrale[1] », pour reprendre une expression du président Macron, appliquée, en 2019, à l'OTAN. Greffier impuissant d'un monde qui se disloque (on ne peut complètement le lui reprocher), António Guterres faisait déjà remarquer, en 2019 : « Les relations entre les membres du Conseil n'ont jamais été aussi désastreuses qu'en ce moment. » Parmi les multiples signes de blocage, figurait alors le dossier syrien : le leader russe, pour protéger son ami et allié, Bachar el-Assad – coupable, notamment, d'avoir utilisé l'arme chimique contre sa population – avait utilisé dix-sept fois son droit de veto depuis le début de la révolte syrienne en 2011.

Si la structure de pilotage de tête de l'ONU semble plus que jamais dans l'impasse, reconnaissons bien volontiers que d'autres entités onusiennes sont à la manœuvre pour tenter de sauver ce qui peut l'être. Le

1. Repris en titre d'un article du *Monde*, 19 et 29 juin 2022.

Programme alimentaire mondial et le Haut-Commissariat aux réfugiés luttent avec plus de mille quatre cents agents onusiens contre les conséquences de la guerre russe en Ukraine. La tâche va malheureusement être exponentielle, car elle va concerner également de plus en plus d'autres régions, notamment en Afrique, touchée par la pénurie de céréales.

Le compte n'est pas bon !

La présence du criminel de guerre russe parmi les membres permanents de l'ONU[1] a empêché le Conseil de sécurité de condamner l'invasion de l'Ukraine. Seuls trois ont voté sa condamnation, la Russie ayant évidemment mis son veto tandis que son ami chinois s'abstenait. Le 2 mars, l'agression russe était, néanmoins, massivement dénoncée par l'assemblée générale de l'ONU par cent quarante et une voix sur cent quatre-vingt-treize. Les défenseurs du droit et de la morale pouvaient-ils s'en prévaloir ? Les décisions de cet auguste cénacle n'ont malheureusement aucune valeur contraignante. Par ailleurs, la Russie s'est félicitée que trente-cinq pays se soient abstenus[2] (notamment la Chine

1. Chine, États-Unis d'Amérique, Fédération de Russie, France et Royaume-Uni.

2. Parmi lesquels nombre de pays africains déjà alignés sur la Russie – on pense au Mali et à la Centrafrique – ou dépendants des armes et des céréales russes.

et l'Inde, représentant, à elles deux, deux milliards quatre cent mille habitants sur les sept milliards sept cents millions que compte la planète) et que quatre pays – pas vraiment parmi les plus démocratiques – aient voté contre : la Biélorussie, la Syrie, l'Érythrée et la Corée du Nord.

Quelques semaines plus tard, le 7 avril, la Russie était exclue du Conseil des droits de l'homme (le siège est à Genève). Une décision forte, mais encore une fois purement symbolique. Comme Staline à propos du Vatican, le cynique Poutine aurait pu dire : « Le Conseil des droits de l'homme, combien de divisions a-t-il[1] ? » Et ici encore, les décomptes affinés du scrutin révèlent des surprises. Les votes « pour » l'exclusion ont été de quatre-vingt-treize tandis que les « contre » montaient à vingt-quatre[2] et que les abstentions s'élevaient à cinquante-huit. Finalement, la balance se jouait à quatre-vingt-treize pays favorables au « bannissement » contre quatre-vingt-deux (rejets et abstentions). Un relatif succès pour Moscou qui enregistrait avec satisfaction le très logique vote « contre » de son allié chinois. Dénoncée par la communauté internationale pour ses

1. En 1935, Staline aurait répondu à Laval qui lui demandait d'être plus tolérant à l'égard du rite catholique, afin de pouvoir rallier le Vatican à leur cause : « Le pape, combien de divisions a-t-il ? »

2. Ont voté contre, notamment : Cuba, l'Algérie, la Biélorussie, la Bolivie, le Burundi, la République centrafricaine, le Mali, l'Iran, le Gabon, le Nicaragua, le Kazakhstan, la Syrie, le Zimbabwe, le Viêt Nam, la Corée du Nord.

camps de rééducation de la population musulmane ouïgoure, la Chine ne voulait pas être la prochaine sur la liste. Son soutien à Moscou était donc cohérent.

Dans le chaos général généré par sa guerre, le maître du Kremlin escompte bien attirer vers l'axe autoritaire qu'il représente avec la Chine de plus en plus de pays qui souhaitent se désarrimer de l'Occident. Les différents votes évoqués dessinent en partie cette étrange « carte du Tendre » (qui aime qui ?), où Pékin et Moscou partagent, en effet, un projet global : remodeler le monde à leur façon.

13

Que ceux qui se ressemblent s'assemblent

L'ère de la mondialisation heureuse s'achève. Les peuples européens découvrent, sidérés, à quel point leur bien-être domestique est dépendant d'un régime autoritaire, voire totalitaire. Conséquence logique de cette prise de conscience, un nouvel équilibre de blocs économiques devrait se mettre en place : démocraties contre autocraties, sous le regard des prudents, des hésitants ou des indifférents. Chaque clan va tenter au maximum de faire des affaires avec sa famille de pensée pour éviter cette situation de dépendance aux gaz, charbon et pétrole russes qui est actuellement vécue par de nombreux pays. Le terme de découplage – *decoupling* en anglais et *tuo gou* en chinois – désigne cette tendance lourde consistant à briser les liens de dépendance : « Un scénario dans lequel les États-Unis [mais également l'Europe] et la Chine choisiraient des technologies et des normes commerciales divergentes, et s'appuieraient sur des chaînes d'approvisionnement indépendantes », explique Jeremy Ghez, professeur d'économie et d'affaires internationales à HEC.

Fait intéressant, et passé un peu inaperçu, on observe également ce mouvement de découplage dans la finance. C'est ainsi que cinq groupes publics chinois[1] se sont retirés, à l'été 2022, de la Bourse de New York. Ils ont feint d'estimer que les Bourses de Hong Kong et de Shanghai suffiraient à leur bonheur. Officiellement, ils ont agi de leur pleine volonté, estimant que les coûts de la paperasse demandée par le New York Stock Exchange étaient exorbitants par rapport aux bénéfices escomptés d'une cotation américaine. La réalité était plus triviale. L'administration Trump avait fait voter une loi demandant aux entreprises étrangères de faire œuvre de transparence, notamment en ce qui concernait les identités des membres de leur *board* (organe de direction). La Chine, habituée à naviguer dans l'opacité, devait notamment donner les noms et le pedigree des dirigeants, surtout de ceux membres du Parti communiste (PCC). Les décrets d'application de cette loi ont été pris en 2021, par Joe Biden. Illustration de ce que je soulignais, à savoir que les deux grands vieux partis américains restent unis quand il s'agit des dossiers chinois et russe, mais uniquement dans ces cas-là. Les cinq entreprises chinoises (d'autres devraient suivre)

1. Le groupe pétrolier Sinopec, l'une de ses filiales de Shanghai, Petro-China, l'assureur China Life Insurance, le leader de l'aluminium Chalco.

ont donc préféré s'éclipser avant d'être rejetées pour non-transparence. Comme l'hypernationalisme est une valeur qui ne cesse de monter à la Bourse idéologique de Pékin, ce retrait imposé a été présenté à la population chinoise comme un libre acte de résistance patriotique. Il n'y a pas de petits profits dans l'intoxication.

Comment se désarrimer ?

Après de longues années de mariage de raison, de concubinages plus ou moins enrichissants, de consommations croisées, la séparation de corps des deux entités que sont la démocratie et l'autocratie ne va pas être simple à opérer. D'autant plus qu'il s'agit d'un couple à trois (avec la Russie), sans compter les autres voyeurs qui gravitent autour d'eux. La fin de ce club de libres échangistes est programmée.

Il va falloir apprendre, sans pleurer tout le temps, à se désintoxiquer complètement de certains produits fournis par les dealers russes (gaz et pétrole[1]) et chinois (tout particulièrement les métaux rares indispensables

1. Pendant les premiers mois de guerre, l'Union européenne a versé à la Russie environ 700 millions d'euros, chaque jour, pour sa facture pétrolière et gazière, finançant ainsi indirectement l'effort de guerre russe. En juin 2022, les Européens lui avaient payé 57 milliards d'euros de pétrole, de gaz et de charbon. Les Vingt-Sept multiplient désormais les voies et moyens pour abandonner cette dépendance. De son côté, Moscou coupe progressivement l'arrivée de son gaz, en mesure de rétorsion des sanctions.

pour l'industrie d'armement, les téléviseurs, les batteries, les véhicules électriques, les pots catalytiques, les éoliennes[1], etc.). À l'occasion des tensions de l'été 2022[2] dans le détroit de Formose (Taïwan), le grand public a découvert que ce petit pays, qui fait de la résistance, était leader mondial des semi-conducteurs indispensables aux produits que je viens de citer. A priori rien de préoccupant, puisqu'il s'agit d'un membre de la famille démocratique. Mais, en cas d'invasion chinoise de l'île, Pékin mettrait la main sur cette formidable production, qui deviendrait un moyen de pression. Pour prévenir cela, les Taïwanais ont déjà affirmé qu'ils détruiraient toutes leurs capacités industrielles pour ne pas les laisser tomber dans les mains ennemies. Le résultat serait catastrophique pour le monde, compte tenu de la place centrale de l'île sur ce secteur. Pas complètement rassuré,

1. La Chine contrôle 90 % de la production mondiale et représente 80 % des importations vers les États-Unis. En 2017, un consortium emmené par le groupe chinois Shenghe a pris le contrôle de la mine de Mountain Pass, le seul grand gisement américain de terres rares, après la faillite de l'exploitant américain. La Chine disposerait de presque 40 % des réserves mondiales. Le sous-sol de la plus grande île de la planète, le Groenland (territoire autonome rattaché au Danemark), serait potentiellement le nouvel eldorado des terres rares. Même si les coûts d'exploration sont extrêmement élevés compte tenu des températures négatives de la zone, ce territoire suscite un très fort intérêt du côté des Américains.

2. La visite à Taïwan (début juillet 2022) de la présidente de la Chambre des députés des États-Unis, Nancy Pelosi, a suscité un regain de tensions militaires dans la région.

l'Américain Joe Biden a annoncé qu'il avait l'intention de « ramener à la maison » ce domaine de compétence vital[1]. C'est plutôt sage car l'histoire de la dépendance européenne au gaz et pétrole russe pourrait apparaître comme une simple péripétie face à un cataclysme sur le segment des semi-conducteurs.

Mais la question centrale face à cette situation nouvelle est : quel prix les opinions publiques occidentales sont-elles prêtes à payer pour défendre leurs valeurs au détriment de leur niveau de vie ? Poutine et Xi Jinping se posent la même question et parient de conserve sur l'absence de résilience occidentale. Ils tablent, en outre, sur le travail de sape que les idiots utiles, qui les ont tant soutenus ces dernières années, en Europe notamment, ne manqueront pas de pratiquer au sein des structures politiques de leur pays.

Demain, dans les affaires, il faudra regarder de plus en plus près le profil idéologique de ses fournisseurs, en se demandant s'il est philosophiquement compatible avec le sien. L'exemple allemand – dont l'industrie, notamment chimique, est aujourd'hui dangereusement fragilisée par son aveuglement (les affaires l'emportaient sur la géopolitique) – est devenu pour tous un cas d'école. Dépendant à 35 % du gaz russe, ayant engagé la

1. Paradoxalement, à l'origine, les États-Unis étaient les champions des semi-conducteurs. Pour des raisons de coût, la production a été délocalisée.

co-construction de Nord Stream 2 pour accroître encore un peu plus cette situation, Berlin est passée en l'espace de quelques heures du statut de champion toutes catégories de l'économie à celle de *loser* qui fait pitié. Pôôôvre Allemagne ! Ou, pauvre Allemagne ? Elle est désormais contrainte de se rationner, de prolonger la vie de ses trois dernières centrales nucléaires et de demander la solidarité européenne pour compenser, en partie, la perte du gaz russe. Elle doit aussi se tourner vers les États-Unis, qui l'avaient mise en garde contre la construction Nord Stream 2. En Allemagne – comme un peu partout en Europe d'ailleurs –, le charbon, cancer écologique de la planète, va revenir en force.

Au mois de septembre 2022, les deux gazoducs Nord Stream 1 et Nord Stream 2 (à l'arrêt tous les deux), qui passent sous la Baltique, ont été victimes dans les eaux internationales d'un sabotage provoquant leur rupture en plusieurs points. Seule une puissance détentrice de moyens sous-marins sophistiqués a pu en être l'auteur. À ce stade, aucune preuve formelle n'a été apportée de l'implication des Russes, des Américains ou des Européens. Pour ma part, il me semble exclu que Washington ait commis une telle opération au milieu d'une mer fréquemment traversée sur ou sous l'eau par ses alliés. Les accusations pro-russes selon lesquelles, il y aurait procédé pour garantir ses ventes futures de gaz de schiste à l'Europe ne tiennent pas la route. De toute façon, ils n'ont aucunement besoin de cela pour en faire commerce et la perspective d'un retour vers le marché russe de l'énergie est aujourd'hui une chimère. Reste la piste russe, qui nous semble la plus pertinente. Moscou a-t-il voulu envoyer un triple message : nous coupons définitivement les ponts avec vous, les Européens ; nous pouvons frapper vos infrastructures vitales partout (demain les câbles sous-marins transatlantiques Internet ?) ; que les oligarques russes vénaux n'espèrent pas un retour un jour à la normale avec l'Europe pour faire des affaires *as usual*, ce temps est révolu, l'Occident est l'ennemi… Un de mes contacts de haut niveau à l'OTAN avance une dernière explication : pour ne pas avoir à répondre sur le plan contractuel, – devant un tribunal international d'arbitrage commercial en Suisse, du fait que Gazprom n'a pas répondu à ses engagements et a bloqué Nord Stream 1 en invoquant des problèmes techniques fallacieux, les Russes auraient opté pour une méthode radicale permettant d'échapper à d'éventuelles sanctions financières lourdes… Ils pourraient aisément plaider un « cas de force majeur ».

Une Russie pénalisée ?

La Russie entend quant à elle afficher à la face du monde une santé économique florissante, malgré les sanctions, et un entregent diplomatique au sommet de sa forme. Même pas mal… Poutine joue avec l'Europe comme le chat avec la souris, fermant un robinet ici, en ouvrant un autre ailleurs, par exemple pour son ami hongrois Viktor Orbán. Le renchérissement mondial des prix de l'énergie lui permet de gagner en rentrée d'argent ce qu'il perd en volume qu'il n'exporte plus vers les pays qui tentent de se passer de ses services. Par ailleurs, les caisses de Moscou sont pleines. En effet, ne pouvant plus acheter en Occident toute une série de produits, l'État russe est contraint de thésauriser avant de trouver d'éventuels autres fournisseurs.

Même si Poutine compte sur une résilience beaucoup plus forte chez lui que chez nous, le poids des sanctions économiques va se faire de plus en plus sentir, en particulier sur le plan militaire, désormais privé des atouts technologiques de l'Occident. Certaines chaînes de production de chars lourds sont aujourd'hui arrêtées car les mastodontes sont aveugles : les systèmes de visée optique de l'Ouest n'arrivent plus. Qui pourrait les compenser ?

Il n'y a qu'une inconnue à cette heure : la Chine aide-t-elle la Russie sur ce terrain sensible ? Ce n'est pas certain, d'autant que l'empire du Milieu entend préserver ses activités commerciales avec les États-Unis et l'Europe. L'Union européenne est le partenaire économique le plus important de la Chine. Et la Chine est le deuxième partenaire le plus important de l'UE après les États-Unis.

C'est dire qu'en cas de confrontation directe avec Pékin, à cause de Taïwan, les conséquences économiques mondiales pourraient être gigantesques.

Logique de clubs

Du côté de la famille démocratique, qui trouve-t-on ? Les pays de l'Union européenne (vingt-sept), ceux qui souhaitent la rejoindre (Albanie, Macédoine du Nord, Monténégro, Serbie – pays qui n'applique pas les sanctions contre la Russie –, Ukraine, Moldavie, Géorgie), la Norvège et le Royaume-Uni, la Suisse, l'Islande, les États-Unis, le Canada, l'Australie et la Nouvelle-Zélande, les démocraties asiatiques (Japon, Corée du Sud, Taïwan). En poids démographique, écologique, scientifique, militaire, financier et économique, c'est l'ensemble le plus puissant de la planète.

Il existe également des démocraties africaines et latino-américaines (j'y reviendrai), mais elles ne se sentent pas nécessairement partie prenante du même club. L'Afrique note que les États-Unis débloquent sans sourciller plus de quarante milliards de dollars pour l'Ukraine blanche alors qu'elle semble, à leurs yeux, avoir des oursins dans les poches quand il s'agit de l'aider[1].

1. L'accusation est plutôt infondée : dans le cas ukrainien, l'urgence est vitale. Les Américains consacrent une vingtaine de milliards d'aide non militaire, chaque année, à l'Afrique subsaharienne. Le 5 octobre 2018, le président Donald Trump a signé une loi, le BUILD Act (Better Utilization of Investments Leading to Development), qui a réformé en profondeur les institutions américaines chargées du financement de l'aide au développement. Elle prévoit d'optimiser l'orientation des capitaux privés dans une recherche de complémentarité avec les fonds publics. Il s'agit

Du côté du bloc autocratique figure, sous l'égide de la Chine et de la Russie, la Corée du Nord, la Syrie, l'Iran, l'Érythrée, le Soudan, la Biélorussie, mais également nombre de pays africains fascinés par le modèle poutinien (on pense au Mali ou à la Centrafrique). L'Algérie et la Tunisie (depuis son changement de constitution) ne sont pas faciles à classer : on peut les mettre dans la catégorie des régimes… musclés. En Asie centrale, l'Afghanistan, le Pakistan et un certain nombre d'autres « stan » (Ouzbékistan, Kazakhstan, Kirghizstan, Tadjikistan, Turkménistan, anciennes républiques de l'URSS) ne répondent pas non plus parfaitement à nos critères démocratiques. Néanmoins, ces « stan » semblent réticents à un alignement aveugle sur la ligne belliciste de l'ancienne puissance tutélaire russe.

Du côté de l'Amérique latine, on constate aussi un silence pesant face à l'hégémonie russe. L'anti-américanisme y a pignon sur rue. Ce qui est intéressant, c'est que l'extrême droite (le Brésil et l'Argentine) se retrouve sur la même ligne que l'extrême gauche (Cuba, le Venezuela, le Nicaragua[1]) pour considérer

---

d'éviter l'éparpillement des initiatives et de mieux utiliser le secteur privé dans la mise en œuvre de la politique étrangère américaine dans les pays en voie de développement. Voir « L'aide au développement de qui ? Les États-Unis et la Chine dans leurs relations avec les Suds », *Revue internationale et stratégique*, n° 120, 2020.

1. Des pays pour lesquels le Français insoumis Jean-Luc Mélenchon a les yeux de Chimène.

les événements ukrainiens comme une « guerre américaine » plus que comme un « conflit russe ». Il faut dire que Moscou entretient avec ces pays des liens économiques et diplomatiques étroits. Très présents en langue espagnole dans cette région du monde, les médias d'État russes (*Russia Today*, *Sputnik*) y déversent sans grande entrave leur propagande. La Russie a également envoyé son vaccin, Sputnik V, lors de la crise de la Covid, achetant ainsi (à faible coût et pour peu d'efficacité) les bonnes grâces de ces régimes. Il a été payé de retour. Ainsi, les pays du Mercosur (union économique du Paraguay, du Brésil, de l'Argentine et de l'Uruguay) ont refusé la proposition du président ukrainien de s'exprimer devant eux par vidéo-conférence. L'ancien président, Luis Inácio Lula da Silva (dit Lula), qui est dans la course à la prochaine présidence (octobre 2022), a considéré pour sa part que, somme toute, Zelensky était aussi responsable de cette guerre que Poutine.

Les Américains tentent de leur côté, grâce à leurs canaux de communication, de dénoncer l'alliance brun-rouge en Amérique latine, mais quant à choisir un « *gringo* », l'opinion publique sud-américaine préfère encore le Russe lointain à l'Américain si proche.

Non-alignés

Sans être aussi vindicative à l'égard du clan occidental, l'Inde (1 milliard trois cent quatre-vingt mille citoyens), souvent présentée comme la plus grande démocratie du monde, oscille entre les deux pôles. Elle a opté pour un non-alignement prudent, se refusant à condamner l'invasion russe, sans couper les ponts avec l'Occident. Affinités électives avec le style de commandement du maître de Moscou ? Où classer l'Inde ? Son statut de « démocratie » est désormais remis en cause par certains spécialistes depuis que ses destinées ont été prises en main par le Premier ministre hindou Narendra Modi[1], élu en 2014). Nationaliste, populiste, xénophobe et antimusulman, toujours soucieux de sa mise et de son image, il joue les hommes forts et charismatiques sur un modèle autoritaire très poutinien. Pour autant, l'Inde reste *persona grata* du côté de l'Occident, qui prend en compte son immense marché, son dynamisme économique, ses volumineux achats d'armement, la qualité de formation de ses élites (notamment dans la tech et l'entreprise du numérique)

1. À l'été 2022, Narendra Modi a tout simplement mis en prison les leaders de l'opposition (le parti du Congrès) qui protestaient contre le coût de la vie et la dureté de la vie économique. « Ce que le pays a construit brique par brique en commençant il y a presque un siècle est en train d'être détruit », a affirmé Rahul Gandhi, leader du parti du Congrès.

et son positionnement stratégique face à la Chine[1]. Ses échanges commerciaux sont d'ailleurs diversifiés car l'Inde fait des affaires aussi bien avec la Russie, les États-Unis, la France, le Japon ou les pétromonarchies du Golfe.

Puissance incontournable de l'Indopacifique[2], elle est donc courtisée, malgré une appartenance très discutable au grand club démocratique. Elle joue de ces ambiguïtés pour ne pas se laisser enfermer dans des alliances trop contraignantes. Les États-Unis, qui comptent sur elle dans leur bras de fer avec la Chine, lui ont confié pour la première fois, en août 2022, la maintenance de l'un de leurs navires logistiques, en l'occurrence l'USNS *Charles Drew* (classe Lewis & Clark). Le fait que ce pays ait acheté à la Russie des systèmes de défense air-sol S-400 n'a pas entraîné pour elle les mêmes conséquences que pour la Turquie, car elle n'appartient pas à l'OTAN : elle n'est donc pas tenue à la même solidarité « familiale ». Par ailleurs, c'est un

1. Des tensions frontalières existent entre ces deux mastodontes de la géopolitique : Pékin et New Delhi se disputent le contrôle de l'Aksai Chin, une région de l'Himalaya à plus de 4 000 m d'altitude. C'est une terre totalement inhospitalière, mais que chacune des capitales revendique. Les deux pays se sont affrontés militairement dans cette zone il y a soixante ans. Depuis, on relève des incidents sporadiques le long de la ligne de démarcation plus que des affrontements. Les deux parties veillent à ce que cela ne dégénère pas.

2. L'Indopacifique est un espace qui concentre plus de la moitié de la population mondiale et sept des dix plus grands budgets de défense au monde.

« pays doté » qui mérite considération et qui est aussi régulièrement en tension avec un autre pays nucléaire, le Pakistan (régime autocratique et suspect de laisser, *nolens volens*, une partie de son territoire aux mains d'extrémistes islamistes[1]). L'ennemi de mes ennemis est…

La France, pour sa part, a noué avec l'Inde un partenariat stratégique qui a débouché sur d'importants contrats d'armement, notamment la vente d'avions de combat Rafale. Avec ses sept départements et collectivités d'outre-mer, la France dispose de plus de neuf millions de kilomètres carrés de zone économique exclusive (ZEE), soit environ 10 % de la surface totale de l'océan Indien. Cela fait d'elle une « nation résidente » de l'Indopacifique. Paris y déploie plus de sept mille militaires en permanence.

Ces questions de sécurité et de défense viennent donc brouiller et transcender parfois le bel alignement par couleur des familles, même si chacun essaie de commercer avec le pays qui lui ressemble le plus sur le plan des valeurs. D'autant plus que la guerre en Ukraine fait régner une odeur de poudre sur la

1. À l'été 2022, les Américains ont tué par une frappe de drone le chef d'al-Qaïda, l'Égyptien Ayman al-Zawahiri, qui semblait jouir d'une retraite active dans un immeuble de Kaboul. Surnommé « le Professeur », il était l'un de ceux qui avaient structuré le discours de haine et de combat contre le grand Satan américain, les petits satans français et britanniques, les chrétiens, les juifs, les apostats sunnites (non salafistes), les mécréants chiites…

planète tout entière. En 2021, les dépenses globales d'armement avaient dépassé les deux mille milliards de dollars. Gageons que l'année 2023 et les suivantes vont largement dépasser cet étiage.

L'Afrique en voie de recolonisation ?

Nombre des cinquante-quatre pays africains sont sur cette même ligne du non-alignement que l'Inde. Comme un certain nombre de pays asiatiques, (Viêt Nam, Cambodge, Philippines), ils considèrent que la guerre en Ukraine ne les concerne que par ses répercussions économiques. Ils sont, par ailleurs, sceptiques sur la cohérence des Occidentaux (notamment la France) en matière d'exigence démocratique et de respect des droits de l'homme. Ils estiment que Paris, par exemple, s'accommode un peu trop à leurs yeux de certains « régimes dynastiques », par exemple au Tchad, au Gabon ou au Togo, quand cela l'arrange. Mais que, dans le même temps, elle met la pression sur la junte militaire putschiste malienne pour qu'elle procède à des élections[1]. Deux poids, deux mesures ?

Derrière ces griefs, qui ne sont pas infondés, se cache toutefois la réalité de pouvoirs africains souvent

1. Ce qui a conduit à une éviction de la France du Mali au profit de la Russie, peu regardante sur la question des droits de l'homme et du droit en général.

profondément malades du népotisme, de la corruption, de la mal-gouvernance, des luttes interethniques et du pillage familial du pays. En matière de vertus, il n'est pas certain que le continent africain soit toujours le meilleur donneur de leçons. Quant à la dénonciation du colonialiste d'hier ou du néocolonialiste d'aujourd'hui, soixante ans après les indépendances, elle est pour nombre de gouvernements faillis une vieille martingale usée jusqu'à la corde… mais toujours utilisée[1].

Vladimir Poutine et ses « Wagner » en jouent, eux aussi, à l'intention des opinions publiques africaines, en gommant le fait que les Russes sont les héritiers de deux immenses empires coloniaux (tsariste et soviétique). Sous l'effet des actions influentes des officines du Kremlin, l'Europe devient alors le bouc émissaire idéal. D'autant que la population du continent africain ignore complètement quelques solides réalités : l'Union européenne détient la palme du plus gros contributeur d'aides au développement, dont l'Afrique est grande consommatrice. Elle est également la plus grosse contributrice au budget des organisations internationales. Enfin, elle a été la plus grande exportatrice vers ce continent de vaccins anti-Covid

1. Dans ses articles, ses livres et ses conférences, l'écrivain algérien Kamel Daoud ne cesse de le dénoncer, à propos de l'Algérie. C'est un pays qui présente, par ailleurs, des traits communs avec la Russie : énormes ressources énergétiques (mises en valeur par les Français à l'époque de leur présence coloniale) et très faible capacité à transformer cette manne tombée du ciel en richesse pour le pays.

durant la pandémie. Mais qui le sait en Afrique ? Le fantasme y aura toujours une vie plus durable que la réalité.

Fantasmes et réalités

Durant leur présence au Mali (2013-2022) pour lutter contre la nébuleuse djihadiste[1], la France et l'Allemagne ont financé nombre de projets économiques locaux, notamment pour tenter de réduire les antagonismes interethniques qui font le miel des groupes de combat terroristes (GAT). Les deux pays se sont également engagés au côté du Mali dans la lutte contre la pandémie. Le plus souvent, seuls en ont eu conscience les habitants qui étaient directement au contact des unités d'actions civilo-militaires (ACM), des antennes médicales de la force Barkhane (elle a quitté le théâtre à l'été 2022) ou des équipes civiles d'aide au développement déployées par l'UE. Les études d'opinion au Mali ont montré que plus les sondés africains étaient en contact avec les soldats de

1. La France a perdu cinquante-neuf de ses soldats dans cet engagement au service de la sécurité du Mali, et plus largement du Sahel, et pour celle de l'Europe. La France avait été appelée au secours par Bamako et par la communauté internationale (opération Serval), en janvier 2013, lors de l'assaut vers le sud de colonnes de djihadistes maliens et étrangers. Ils occupaient déjà le nord depuis plusieurs années.

Barkhane, plus leur image de la France était bonne ; plus ils en étaient éloignés, moins elle l'était[1].

Le « sentiment anti-français », largement artificiel, a été puissamment instrumentalisé par les actions de manipulation du groupe Wagner. Ses mercenaires ont financé des manifestations hostiles à Barkhane, lancé des slogans anti-français sur la Toile, tenté de construire de faux crimes de guerre attribués à la France[2], réactivant les vieux réflexes anticoloniaux.

Des aspects peu connus de la réalité africaine expliquent également pourquoi ce travail de sape contre la France est aussi productif. Par respect pour la souveraineté de ces États, pour éviter les sempiternelles accusations d'ingérence néocoloniale,

---

1. Pierre Servent, *Cinquante Nuances…*, *op.cit.*

2. Ainsi, en avril 2022, un drone militaire français (sur renseignement de la DGSE) a pu déjouer l'une de ces manœuvres : en bordure du camp de Gossi, redonné par la France au Mali, les Wagner ont apporté des cadavres africains et ont commencé à les enterrer sommairement. La manœuvre consistait à faire croire que la France en se retirant laissait derrière elle des charniers. La manipulation avait été préparée par les services de Moscou et Wagner, après la découverte des charniers russes dans le nord de l'Ukraine (Boutcha). Si ce plan n'avait pas été éventé par les images des drones français, le message russe aurait été : « Regardez, on nous accuse injustement d'exactions et de crimes de guerre, alors que ce sont les Français qui les pratiquent en Afrique. » L'objectif était double : remonter encore un peu plus les Africains contre les Français et organiser une action psychologique dérivative par rapport aux nombreux crimes de guerre russes découverts après le départ du corps expéditionnaire du Kremlin dans le nord de l'Ukraine.

la France a souvent accepté de ne pas mettre en avant son soutien, de laisser le bénéfice de certains succès aux gouvernements en place. Par exemple, elle est venue au secours, à maintes reprises, d'autorités en sérieuse difficulté sur le plan sécuritaire (en Côte d'Ivoire ou en Mauritanie, entre autres) ou pour maîtriser certaines catastrophes (comme l'incendie gigantesque dans le port autonome de Dakar[1]), sans vraiment faire valoir son rôle. Car les demandes d'aide urgente étaient accompagnées d'une exigence des autorités africaines : que la France se fasse le plus discrète possible pour que la population locale ne puisse leur attribuer le succès de ces opérations. Bonne pâte, Paris a accepté de s'effacer pour préserver la susceptibilité de forces africaines, initialement dépassées par les événements. Il n'était pas bon que l'ex-puissance coloniale puisse apparaître comme encore indispensable.

On comprend alors mieux comment un sentiment anti-occidental peut être facilement alimenté sur ce continent où s'agitent fantasmes et désinformation. Malheureusement pour elles, on peut parier que les populations maliennes, par exemple, prises en otage par une junte deux fois putschiste, vont rapidement faire la différence entre l'action de mercenaires russes venus jouer les gardes prétoriennes du régime et se payer sur la bête, et le travail de la force Barkhane et de l'Europe qui a formé l'armée malienne.

---

1. Pierre Servent, *Cinquante nuances...*, *op. cit.*

Les empires autocratiques chinois et russe considèrent naturellement l'Afrique (dont la population aura doublé en 2050) comme une proie de choix dans un monde débarrassé de l'influence occidentale. Il y a là-bas, à leurs yeux, un potentiel de croissance, des ressources à prendre, des espaces à dominer, des élites à corrompre. Les résistances démocratiques y sont faibles, la corruption omniprésente, bref, les anticorps à leurs visées hégémoniques sont comme ils les aiment : inexistants.

Les Occidentaux ont utilisé ces fragilités aussi jadis, mais cela ne justifie pas les prédations russes et chinoises, au motif que d'autres ont fait de même aux siècles précédents.

Petit détail, les Russes et les Chinois avancent leurs pions en Afrique, y compris au travers d'une politique de niches. En effet, si le groupe Wagner se sert dans les mines de métaux précieux des pays ciblés[1], c'est aussi pour contrer les Anglo-Saxons qui dominent ce secteur lucratif. Moscou n'a pas apprécié d'être exclue de l'organisation londonienne qui fédère les pays impliqués dans ce domaine.

---

1. Avant de s'engager aux côtés de la junte militaire malienne putschiste, en 2021, le groupe Wagner, étroitement piloté par le Kremlin, a envoyé des spécialistes analyser les filons des mines d'or de ce pays. Le résultat ayant été positif, les miliciens russes sont arrivés par avions de transport militaire affrétés par le Kremlin pour assurer le rôle de garde prétorienne du régime et pour lancer contre la France des opérations de guerre informationnelle.

Au chevet de l'Afrique

Comme l'Afrique n'a pas les moyens de se passer des céréales russes ou ukrainiennes et que la guerre fait se profiler des risques de famine pour tout le continent africain, les équipes gouvernementales sont d'autant plus fragilisées. Président de l'Union africaine, Macky Sall (chef d'État du Sénégal) s'est rendu à Moscou, au début de la guerre, pour implorer le chef du Kremlin de débloquer les précieuses denrées. Vladimir Poutine a expliqué qu'il n'y était pour rien et que c'était la faute des sanctions occidentales[1]. Depuis, il peut se présenter en grand facilitateur des problèmes du monde avec l'accord de réouverture de la mer Noire (déblocage du port ukrainien d'Odessa), contracté sous la double tutelle de l'ONU et de la Turquie, à l'été 2022. Mais, en frappant le port d'Odessa le lendemain même de cet accord, le tsar a bien marqué qu'il restait le maître des horloges, celui de la foudre, et qu'avec lui, il ne fallait jamais prendre une concession pour un acte de faiblesse. Si le Kremlin a accepté cette négociation, c'est avant tout pour pouvoir exporter ses propres céréales et obtenir une première brèche dans les sanctions. En effet, les Européens et Américains ont dû accepter d'alléger le carcan dans lequel les finances russes sont enserrées

1. Celles-ci ne portent pas sur les céréales russes. Mais les sanctions financières freinent les échanges et, *de facto*, les sorties de grains russes.

pour faciliter les transactions commerciales sur le grain. Entre chantage aux grains, blocage-déblocage sur le gaz en Europe, négociations d'accords avec des pays amis (l'Iran, la Chine ou la Turquie), tournées internationales (Égypte, Congo, Éthiopie, Ouganda), les Russes, accueillis chaleureusement, entendent jouer sur les fissures du monde pour mettre en œuvre une habile stratégie de créneaux.

Harcèlement occidental ou parler vrai ?

Le Français Emmanuel Macron et l'Américain Antony Blinken ont pris leur bâton de pèlerin pour tenter, sinon de rallier les Africains, du moins de les mettre en garde contre les menées russes. Au mois de juillet 2022, le président français s'est rendu au Cameroun (où le chef de l'État, Paul Biya, est au pouvoir depuis quarante ans), au Bénin ainsi qu'en Guinée-Bissau. Le Français a dénoncé l'« hypocrisie » des pays africains qui ont estimé ne pas devoir condamner l'invasion de l'Ukraine. Il a expliqué que les mercenaires russes de Wagner saigneraient tous les pays où ils seraient invités. Ses propos ont été accueillis avec circonspection ou avec colère. Il s'est également rendu en Algérie avec, au menu de la rencontre, réconciliation des mémoires (impossible avec ce régime) et gaz.

Le secrétaire d'État américain, quant à lui, s'est tourné vers l'Afrique du Sud – très remontée contre les

Occidentaux –, le Rwanda[1] et la République démocratique du Congo. Il a également dénoncé le fléau que représentaient les miliciens russes de Wagner. Son homologue sud-africain, Naledi Pandor, a estimé que ce n'étaient pas aux Occidentaux de dire aux Africains ce qu'ils devaient faire ou ne pas faire. Une formule éculée qui permet de ne jamais se remettre en cause. Il a dénoncé le « harcèlement condescendant » dont feraient preuve certains Européens, allusion à peine voilée aux propos français et s'est dit heureux qu'Antony Blinken ne demande pas aux Africains de choisir entre la Russie et l'Occident : « Nous devons pouvoir avoir des opinions différentes, nous sommes souverains[2]. » Un point de vue largement partagé sur ce continent.

En essayant de prendre en compte cette sensibilité – exacerbée par le discours diplomatique russe sur le thème « nous n'avons jamais colonisé l'Afrique et nous comprenons votre hostilité naturelle aux anciennes puissances colonisatrices » –, le chef de la diplomatie américaine a tenté de faire valoir que « la mauvaise gouvernance [en Afrique], l'exclusion et la corruption inhérentes aux démocraties fragiles les

1. Lors de son entretien avec Paul Kagame, Antony Blinken a exprimé ses « graves inquiétudes » à propos des droits de l'homme au Rwanda, allusion notamment à la répression qui frappe régulièrement les opposants au régime. Russes et Chinois se gardent bien, pour leur part, de tenir de tels propos.

2. https://www.state.gov/secretary-antony-j-blinken-and-south-african-minister-of-international-relations-and-cooperation-naledi-pandor-at-a-joint-press-availability/.

rendent plus vulnérables aux mouvements extrémistes [les groupes islamo-terroristes et les Wagner[1]] ». Ce qui vaut pour la Russie en Afrique, vaut également pour la Chine : nombre de pays de ce continent préfèrent ces partenaires peu regardants sur la question des droits de l'homme, du droit du travail des enfants ou du caractère démocratique de leur régime. Tout cela est évidemment habillé du concept de « non-aligné » et de la résistance à un supposé post-colonialisme. Postures et impostures ont encore de beaux jours en Afrique.

1. *Ibid.*

14

Ambiguïtés diplomatiques

Dans ce grand jeu international en pleine reconfiguration, certains pays tentent de jouer les *go-between* entre la Russie et l'Ukraine, comme la Turquie et Israël. Ankara a des relations étroites en matière d'armement avec les deux pays, comme on l'a vu plus haut. Elle a qualifié l'invasion russe d'« illégale » mais sans appliquer aucune sanction économique (elle est le seul pays de l'OTAN à se distinguer ainsi). La Turquie ne peut se passer de la Russie : elle lui achète 40 % de son gaz (via la société Gazprom), du matériel militaire sensible et elle construit avec elle une centrale nucléaire à Akkuyu, dans le sud du pays. Par ailleurs, toujours un pied dedans, un pied dehors par rapport à l'OTAN, Erdoğan exerce un chantage sur cette organisation pour obtenir le maximum de concessions en échange de son *nihil obstat* à l'entrée de la Finlande et de la Suède.

Israël a également de multiples liens économiques avec la Russie, notamment dans le domaine militaire (vente de drones israéliens, systèmes d'écoute). Cette position d'entre-deux a pu laisser penser, au début de la guerre, que Tel-Aviv pourrait jouer un rôle d'intermédiaire. Certains ont même reproché alors à Israël de trop ménager un ours russe aux babines ensanglantées, qui qualifiait le président Zelensky, pourtant de confession juive, d'être un « nazi ». La communauté juive d'Ukraine s'est inquiétée de cette passivité face à l'agression russe. Mais les choses ont rapidement changé.

Antisémitisme

Les pressions de Moscou sur les activités de l'agence juive, chargée à Moscou de faciliter le retour vers la Terre promise, ont tendu les relations avec Israël[1]. Quant aux propos du ministre Lavrov sur le fait qu'Hitler avait du sang juif[2], ils ont fini par avoir raison de la bonne volonté de Tel-Aviv. Les autorités israéliennes ont noté avec inquiétude le retour de l'antisémitisme en Russie, notamment contre les membres juifs de Memorial,

1. Plus de 10 % des 150 000 Juifs de Russie ont quitté le pays depuis le début de la guerre en Ukraine. Chiffre donné par le grand rabbin de Moscou, Pinchas Goldschmidt. Il s'est exilé en Israël, compte tenu des pressions des autorités russes.

2. Interrogé en juin 2022 par la presse italienne, sur l'incongruité qu'il y avait à qualifier le président ukrainien, lui-même juif, de tenant du nazisme, le ministre des Affaires étrangères, Sergueï Lavrov, avait cru trouver la parade : « Hitler lui-même avait du sang juif », croit-il.

comme souligné plus haut. Par ailleurs, dans le ciel de Syrie, l'armée de l'air de Tsahal (armée israélienne) n'a pas mis longtemps à constater, à l'été 2022, que les radars des batteries sol-air russes dans ce pays se faisaient tout à coup plus menaçants pour ses avions venus frapper des positions iraniennes ou des milices chiites libanaises du Hezbollah[1]. Alliés de Téhéran[2] et de Damas, les Russes leur faisaient ainsi payer cash leur prise de distance.

Israël en a profité pour se rapprocher de la Turquie avec laquelle les relations étaient coupées depuis dix ans. Des commandos israéliens avaient à l'époque arraisonné un bâtiment turc, le *Mavi Marmara*, parti pour la bande de Gaza sous un prétexte humanitaire. L'opération héliportée, mal montée, avait provoqué la mort de plusieurs civils turcs désarmés. Ankara illustre ici, une fois de plus, son sens de la manœuvre. Le rapprochement avec Israël devrait permettre notamment de relancer les affaires, et cela, à un moment

1. Les Russes fermaient les yeux auparavant sur les activités aériennes israéliennes en Syrie (parfois jusqu'à plusieurs dizaines de frappes sur une année), considérant que Tsahal visait des transferts iraniens ou libanais (Hezbollah) d'armements sensibles (des missiles) vers le sud du Liban, susceptibles de menacer directement la sécurité d'Israël. Les Russes demandaient seulement aux Israéliens de les prévenir suffisamment à l'avance pour que des Russes ne soient pas des victimes collatérales des tirs.

2. Les Américains soupçonnent les Russes d'avoir mis sur orbite, à partir de Baïkonour, un satellite russo-iranien de nature militaire. Ce lancement est intervenu trois semaines après la visite de Vladimir Poutine en Iran, le 19 juillet 2022.

où l'économie turque bat de l'aile, avec une inflation mensuelle de 79 % (juillet 2022).

Le retour de la diplomatie subtile de la Sublime Porte

Ankara fait donc flèche de tout bois, donnant des signes de rapprochement avec le régime haï de Damas et accueillant chez elle avec joie les oligarques russes, les incitant à investir massivement en Turquie. L'œil rivé sur les élections de juin 2023 (législatives et présidentielles), qui ne se présentent pas bien pour lui, le sultan Erdoğan continue de commercer avec Moscou sans crainte du grand écart (son aide militaire à l'Ukraine). Dans le même temps, il s'inquiète de l'expansionnisme russe en mer Noire. En 2014, Ankara n'avait pas reconnu l'annexion de la Crimée, volée jadis – au XVIIIe siècle – à la Sublime Porte (l'Empire ottoman) par la Grande Catherine de Russie.

La découverte à l'été 2020 d'un vaste gisement de gaz naturel en mer Noire, permettant éventuellement de réduire la dépendance du pays au gaz russe, va sans doute modifier la donne. Mais une question pourrait se poser un jour de façon cruelle à la Turquie : celle de son appartenance. De quel espace relève-t-elle réellement ? Pourra-t-elle éternellement jouer sur les deux tableaux ? La journaliste Marie Jégo écrit à ce propos : « Les valeurs [d'Erdoğan] n'ont rien à voir avec celles de l'OTAN. Son mode de gouvernance s'inspire davantage de ceux de ses homologues chinois et russe, Xi Jinping et Vladimir Poutine, dont il reproduit les travers : une justice aux ordres du pouvoir politique, une société civile muselée, un embrigadement de l'opinion, la création d'une classe d'oligarques au service de la cause. En Turquie, les opposants pro-kurdes et les représentants de la société civile sont emprisonnés, les médias sont tenus en laisse, les institutions, la Banque centrale au premier chef, ont été placées sous la férule du numéro un. [Le] système présidentiel à poigne permet [à Erdoğan] de s'immiscer partout. Dans l'intimité des ménages, quand il explique aux femmes combien d'enfants elles doivent avoir ; dans les arcanes de la politique monétaire, quand il impose le taux d'intérêt directeur du moment, alimentant ainsi la crise qui pourrait bien finir par le détrôner après dix-neuf ans passés au pouvoir[1]. »

Le parfum entêtant des pétromonarchies

D'autres alliances restent problématiques. La France a connu, à l'été 2022, un ballet diplomatique qui en dit long sur la difficulté à séparer le bon grain démocratique de l'ivraie autocratique, voire théocratique. Emmanuel Macron a reçu successivement à ce moment-là les numéros un égyptien (al-Sissi) et émirati (Mohammed

1. *Politique internationale*, n° 176, *op. cit.*

ben Zayed), ainsi que le numéro deux d'Arabie saoudite (Mohammed ben Salman[1]). Trois pays qui ne constituent pas à proprement parler l'avant-garde des forces lumineuses de la démocratie. Au menu, des questions de géopolitique (avec notamment celle du nucléaire iranien), mais surtout celle des approvisionnements énergétiques (gaz émirati, pétrole saoudien) qui font trembler l'Europe. La France, comme ses partenaires européens, cherche à diversifier ses approvisionnements pour compenser le sevrage russe.

On voit là que la cohérence des blocs des familles connaît quelques failles. Les trois pays que je viens de citer sont, par ailleurs, de grands consommateurs de systèmes de défense français (avions de combat, blindés, bâtiments de marine de guerre, etc.). Les grands principes en prennent un coup. Surtout quand en Arabie saoudite, une bloggeuse de trente-quatre ans, Salma al-Chehab, doctorante en chirurgie dentaire et mère de deux enfants, est condamnée à trente-quatre années de prison pour avoir appelé à l'émancipation des femmes sur Twitter…

Le président américain lui-même, pourtant très remonté contre Mohammed ben Salman, a dû aussi se déplacer à Ryad. Il venait demander à l'Arabie

1. Une visite controversée, compte tenu de la responsabilité prêtée à ce leader dans la mort ignoble du journaliste saoudien Jamal Khashoggi à l'ambassade d'Arabie saoudite à Ankara (2018). Cette rencontre en France faisait suite à une visite du Français à Ryad, quelques mois plus tôt.

saoudite d'augmenter sa production de pétrole afin de faire baisser les prix et soulager les Européens mais il est reparti bredouille[1]. Illustration d'un phénomène que j'avais déjà mis en avant dans mes ouvrages précédents : les « parrains » n'ont plus barre sur les « filleuls[2] ». Le monde est désormais guidé par le grand principe du « chacun pour soi ».

Les problématiques de sécurité (la lutte contre le terrorisme islamique, notamment), celles concernant l'énergie et le grain contraignent les démocraties à prolonger, voire amplifier leur dépendance avec des régimes qui traitent la question des droits de l'homme avec peu de respect. Travailler en famille de pensée reste donc encore un objectif lointain, même si les deux modèles autoritaires et démocratiques se démarquent de plus en plus l'un de l'autre. Il va falloir du temps pour défaire le « mille-feuille[3] » des relations économiques, financières et commerciales nouées à l'époque de l'ancienne mondialisation.

---

1. Le déplacement américain a eu lieu avant la condamnation de la jeune bloggeuse.

2. L'Arabie saoudite est très dépendante des achats d'armements américains. Les États-Unis sont moins dépendants d'elle pour le pétrole depuis l'exploration du gaz de schiste sur leur territoire.

3. L'expression est de Thomas Gomart, de l'IFRI. Entretien avec l'auteur.

15

Deux tigres de papier

Outre les alliances et la redistribution mondiale, l'équilibre du monde de demain peut être atteint si le « clan » démocrate ne se laisse pas impressionner par le « clan » autocrate, grenouille qui se fait parfois aussi grosse que le bœuf… au risque d'exploser.

La Chine et la Russie font peur. L'homme de la rue, parfois l'observateur, leur prêtent une puissance terrifiante. La dernière guerre poutinienne renforce ce sentiment de violence décomplexée et de cynisme. N'étant plus habitués à la guerre, les peuples occidentaux (et parfois leurs dirigeants) ont parfois le réflexe de prêter aux prédateurs plus que ce qu'ils représentent vraiment. C'est déjà une réussite dc leur *soft power*[1], car derrière la peur se profile l'inhibition. Ce sentiment est parfois palpable sur les plateaux de télévision, les studios de radio

1. Pouvoir d'influence via la diplomatie, la culture, la propagande, les actions psychologiques.

ou lors d'échanges amicaux. Les Occidentaux (surtout les Français) passent leur temps à se dévaluer.

Au premier abord, c'est vrai qu'il y a de quoi être impressionné par l'illusion chinoise et russe. Les budgets défense de ces deux pays ont considérablement cru ces dernières années[1]. Ce sont des puissances nucléaires. Ils ont apparemment un peuple uni derrière eux. Ils s'affirment comme des puissances spatiales capables de projeter demain dans l'espace des armes hypersoniques terrifiantes. Ils multiplient ensemble, depuis des années, des manœuvres colossales d'intimidation, avec des centaines de milliers d'hommes et force matériel (en Ukraine, la Russie est d'ailleurs passée directement de l'exercice militaire à l'invasion).

Leurs appétits de revanche sur l'Histoire sont sans limite : Pékin veut effacer les « humiliations » du XIXe siècle et du début du XXe siècle, quand les Anglais et les Français brûlaient et pillaient le Palais d'été de l'Empereur ou mettaient le pays en coupe réglée, se taillant de larges portions de territoire. Les concessions européennes, américaines et japonaises en Chine bénéficiaient alors du principe d'exterritorialité[2].

1. La Chine dépense 252 milliards de dollars pour son effort militaire ; la Russie 61,17 milliards. Par comparaison les États-Unis demeurent en tête avec 778 milliards de dollars, l'Inde 73 milliards, la France et la Grande-Bretagne chacune autour de 50 milliards de dollars.

2. La concession est alors considérée comme un territoire étranger à part entière : c'est le cas pour les ambassades.

Moscou, de son côté, veut faire disparaître l'humiliation de l'effondrement, sans combat, de l'URSS.

Le nouveau monde selon Vladimir Poutine et Xi Jinping

Les deux maîtres de ces empires passés se sont engagés respectivement dans des processus de restauration d'une grandeur fantasmée. Ce sont des nostalgiques… actifs. Ils poursuivent un rêve : un cas de figure des plus dangereux. Ils croient en leur chimère prométhéenne. Raison pour laquelle ils s'accordent sur des lectures falsifiées de leur propre histoire. Tout le mal vient des *étrangers*.

Oubliées les interminables guerres intestines chinoises, l'immobilisme de l'empire du Milieu ratant le coche de la révolution industrielle, la maintenance d'un système de gouvernance archaïque littéralement claquemuré dans l'immense cloître aux toits vernissés de la Cité interdite où siégeait le « fils du Ciel », bien loin du monde réel ; les crimes de masse du maoïsme, la violence intrinsèque de son système de gouvernance pratiquant l'épuration constante de ses élites et la mise en cage du peuple pour son bien.

Oubliés les crimes monstrueux de l'empire stalinien, avec ses déportations de masse, son goulag, le génocide des Ukrainiens, les arrestations arbitraires, la torture, les exécutions de masse, les crimes de guerre en pagaille, l'alliance avec le « frère d'âme » nazi, la mise sous séquestre d'une partie de l'Europe de l'Est.

Un Chinois, Mao, et un Russe, Staline, figurent en bonne place dans le panthéon des crimes contre l'humanité du siècle précédent. C'est ce que les enfants chinois et russes n'apprendront jamais à l'école.

Poutine et Xi Jinping sont deux compères-complices qui pensent que l'avenir leur sourit. Ils annoncent la couleur : ils vont dynamiter l'ordre ancien issu de la Seconde Guerre mondiale, pour ravir aux États-Unis leur leadership planétaire.

La Russie en passe d'être battue ?

Cependant, il n'y aura sans doute pas assez de place pour ces deux « ogres » dans la même nacelle totalitaire, comme je l'ai déjà évoqué. Moscou risque de le découvrir à ses dépens. Malgré la résilience de sa population, la Russie aura beaucoup de mal à surmonter le poids des sanctions tous azimuts décidées très légitimement par les Occidentaux. La petite économie russe (le PIB de l'Espagne) va sans doute s'adapter, continuer à profiter de la vente de sa rente énergétique en diversifiant ses clients et en profitant de la hausse des tarifs. Mais pendant combien de temps ? Quand on sait, par exemple, que l'agriculture russe est très consommatrice des engrais ou des machines agricoles venus de l'Ouest, comment va-t-elle tenir sur la durée ?

Comment ne pas voir dans l'accord signé avec l'ONU et la Turquie sur la sortie des céréales russes (en parallèle du même accord, côté ukrainien) un aveu de faiblesse, un besoin urgent de Moscou de trouver un débouché pour son grain ? Ce n'est pas un hasard, non plus, si les Russes ont massivement volé du blé et de gigantesques tracteurs en Ukraine occupée. Certes, la Russie a des alliés de premier rang (l'Iran, la Turquie et la Chine). Mais jusqu'où sont-ils prêts à l'aider, sachant qu'ils sont eux-mêmes en mauvaise santé économique ?

Les Chinois ne se font guère d'illusion sur la puissance russe. Ils la contemplent avec ironie ou scepticisme. Rien ne leur échappe des déconvenues ukrainiennes de la quatrième armée du monde. Comment faire confiance dans la durée à un pays aussi peu doué militairement ? Pékin observe tout particulièrement le développement de la guerre de partisans, se demandant ce que cela pourrait donner à Taïwan en cas d'invasion de sa part. Il y a des signes tangibles qui montrent que le grand ami de Poutine est en droit de considérer que son ami le tsar est à la tête d'un pays en déclin, démographiquement, économiquement et même militairement. Les services de renseignement occidentaux ne relèvent pas, pour l'instant, d'aide massive de la Chine à l'effort de guerre russe.

Les propos de l'ex-ambassadeur de Chine en Ukraine, Gao Yusheng, lors d'un colloque interne de l'Académie chinoise des sciences sociales, sont assez clairs en la matière. Ils ont été retransmis brièvement par un média chinois… puis immédiatement censurés[1]. Que disait-il de si inconvenant ? La vérité. « La force économique et financière de l'armée russe, qui n'est pas à la mesure de sa soi-disant superpuissance militaire, ne pouvait pas soutenir une guerre high-tech coûtant des centaines de millions de dollars par jour. […] Les guerres modernes sont nécessairement des guerres hybrides, couvrant les domaines militaire, économique, politique, diplomatique, l'opinion publique, la propagande, le renseignement et l'information. Non seulement la Russie est en position passive sur le champ de bataille, mais elle a perdu dans d'autres domaines. *Ce n'est plus qu'une question de temps avant qu'elle ne soit définitivement battue* [souligné par l'auteur]. »

C'est, en quelques mots choisis, le réquisitoire le plus précis et le plus pertinent que j'aie lu ces derniers temps. Il rejoint certaines analyses des services de renseignement occidentaux. En bonne logique, le numéro un chinois n'a, au-delà des apparences, aucune envie d'investir sérieusement dans un vieux fonds de commerce russe qui craque. Le maître de guerre Xi Jinping peut être rassuré – du moins le croit-il : il n'y aura pas demain deux chefs de ce nouveau monde dont ils rêvent pourtant tous les deux. Il est d'ailleurs convaincu que son armée, qui n'est pas encore arrivée à pleine maturité[2], est d'une autre valeur que celle de ce

1. *Le Monde*, 15 et 16 mai 2022.

2. C'est pour cela que je ne crois pas à une invasion de Taïwan à très court terme. La capacité des Ukrainiens à couler par le fond une partie de la marine de guerre russe en mer Noire (notamment,

pauvre Poutine, obligé de décréter la mobilisation et de racler les fonds de tiroir pour terminer ses fins de mois guerriers. A-t-il raison de le croire ? Je l'ai déjà dit, la Chine attend l'effondrement russe pour la racheter « en discount ». Mais qui, en retour, attend l'effritement de l'empire du Milieu pour faire la même chose ?

La Chine en mauvaise posture

Certains signaux et analyses n'ont pas échappé à la sagacité du journaliste du *Monde*, Frédéric Lemaître[1]. Trois très bons connaisseurs de l'empire du Milieu (un Chinois, un Américain et un Allemand), sans se concerter, tirent la sonnette d'alarme : la Chine va mal ! Le *Financial Times* a capté une vidéo[2] du financier

---

son bateau amiral) a plongé le haut commandement chinois dans des abîmes de perplexité. Qu'adviendrait-il de la belle flotte chinoise, toute neuve, en cas de tentative d'opération navale contre Taïwan ? Les Chinois savent parfaitement que les opérations de débarquement sont les plus complexes à monter. La veille du 6 juin 1944, jour du débarquement en Normandie, le général en chef, Dwight Eisenhower, avait rédigé deux communiqués : un de victoire… et un autre en cas d'échec. Par ailleurs, les Chinois ont étudié de très près la vulnérabilité des aéronefs russes décimés par des missiles sol-air de courte portée (7-8 km), le Stinger américain ou le Mistral français. Nul doute que leur flotte aérienne subirait les mêmes désagréments dans le ciel taïwanais.

1. *Le Monde*, 4 mai 2022.
2. Elle a très vite disparu des écrans radars… mais le *Financial Times* a eu le temps de l'enregistrer. Weijian Shan est passé par la Banque mondiale et JPMorgan.

et conseiller en investissement Weijian Shan (qui travaille à partir de Hong Kong) destinée à ses clients. « L'économie chinoise n'a jamais été dans une forme aussi mauvaise depuis trente ans. » Quant au « mécontentement populaire » (gestion du zéro Covid, krach dans le domaine immobilier, mise au pas de la tech...), il estime qu'il n'a jamais été aussi haut depuis vingt ans. Même s'il se dit confiant pour la croissance chinoise sur le long terme, il invite ceux qui payent ses conseils avisés d'investissement à la « prudence ».

Et de toutes parts affluent des constats négatifs, voire alarmants. L'Américain Stephen Roach, ancien président de Morgan Stanley Asie, est une des rares personnalités occidentales à être capables de jouer les *go-between* entre Pékin et Washington. Dans un entretien au média en ligne *SupChina*, il confirme ce qui se dessine depuis la prise du pouvoir par Xi, à savoir l'extrême « rigidité » du pouvoir. Celui-ci « est incapable de reconnaître ses erreurs, et n'est pas assez souple pour adopter une stratégie différente[1] ». Il considère que « même un parti unique et un État autoritaire ont besoin d'avoir des débats et d'être capables de se regarder dans le miroir[2] ». L'Allemand Jörg Wuttke, président de la Chambre de commerce européenne en Chine, ne dit pas autre chose dans le *Market* : « La Chine ne sort pas de l'ornière dans

1. *Le Monde*, 4 mai 2022.
2. *Ibid.*

laquelle le président l'a placée. Les dirigeants sont prisonniers de leur propre récit. C'est tragique ! » Il pense que la croissance sera en dessous des 4 % en 2022 alors que le gouvernement chinois la prévoit supérieure à 5,5 %. Lui aussi pointe du doigt les politiques sanitaires et économiques défaillantes.

Mais c'est l'orientation du pouvoir vers l'absolutisme qui lui semble le mécanisme le plus pernicieux. Le nouvel empereur a fait disparaître tous les contre-pouvoirs – cela devait être confirmé lors du vingtième congrès du Parti communiste (PCC), à l'automne 2022 – et s'est autoprogrammé pour rester président à vie : une rupture dans un système qui limitait à deux mandats cette fonction. Ce faisant, il a bouché toutes les traditionnelles soupapes de décompression chinoises qui permettaient à ce pays de ne pas exploser après avoir cumulé les erreurs. Jörg Wuttke rappelle que, dans le passé, les technocrates chinois reprenaient la main sur les politiques quand ces derniers avaient conduit le pays vers une impasse. La vision totalitaire de Xi (le pouvoir, tout le pouvoir… sans contre-pouvoir) a dévoré ce garde-fou.

La Chine irait-elle à sa perte par overdose idéologique ? On peut le penser en relisant ce que le dirigeant chinois affirmait dans son rapport au dix-neuvième congrès du PCC : « Le gouvernement, l'armée, la société et l'université, l'Est, l'Ouest, le Nord et le Centre, le parti dirige tout. » Les quatre-vingt-dix millions de membres du PCC ont reçu leur feuille de route. Mais les dirige-t-elle droit dans le mur ?

Rapport de force

Sans utiliser les mêmes mots, le chercheur à la Fondation pour la recherche stratégique (FRS), Antoine Bondaz – une référence dans le milieu des sinologues –, marche dans le même sillage. Il souligne le fait que la Chine est extrêmement dépendante du marché européen. L'Union européenne est son premier partenaire commercial. Près de 70 % des importations chinoises de machines-outils pour l'industrie agro-alimentaire, le textile et la métallurgie viennent d'Europe. « Les firmes européennes emploient des millions de salariés chinois, dont plus de cinq cent mille pour les seules entreprises françaises[1] », note le chercheur. Il élimine au passage un poncif bien ancré, celui d'une Chine leader mondial dans le domaine de l'innovation scientifique, appliquée notamment aux technologies de la communication (la 5G, par exemple). En effet, dans ce domaine, Pékin est très dépendante des composants clés, des semi-conducteurs fournis par les États-Unis, l'Europe et le Japon. Dans son bras de fer commercial avec Pékin, Washington a d'ailleurs limité l'exportation de semi-conducteurs de pointe. On voit donc que s'il y a dépendance, il faut y mettre un *s* et parler de dépendances croisées.

S'agissant de la nécessité de se désarrimer du marché chinois pour travailler « en famille[2] », Antoine Bondaz a

1. *Politique internationale*, n° 176, *op. cit.*
2. Voir le chapitre « Que ceux qui se ressemblent s'assemblent », p. 183.

de bons arguments pour dire que ce n'est pas la solution. Pas question de « mettre un terme à nos échanges commerciaux avec la Chine, dont tant de Chinois et d'Européens ont bénéficié ces dernières décennies », affirme-t-il. L'empire du Milieu ne faisant pas partie de la « famille démocratique », il faut établir avec lui un « rapport de force » permanent. D'autant plus qu'à ses yeux, celui-ci est beaucoup moins défavorable que ce que l'on imagine spontanément. Certes, la Chine ne respecte pas les principes de concurrence loyale et d'accès ouvert à ses marchés. Sous couvert d'échanges universitaires, de coopérations scientifiques, elle multiplie les actes d'espionnage, de recrutement et d'infiltration (dans le domaine militaire et spatial, tout particulièrement). C'est donc un partenaire avec lequel il faut dîner en se munissant d'une très longue cuillère… avant de ne plus l'inviter à table ? Ce qu'Antoine Bondaz estime faisable si cela était nécessaire car l'on « surestime notre dépendance économique envers la Chine » et que cela a pour corollaire « une sous-estimation de notre capacité de résilience en cas de pressions économiques[1] ». Ces dernières années, la France a plutôt creusé son déficit commercial avec la Chine (60 % du déficit commercial français vient des échanges avec ce pays) mais les importations venant de ce pays consistent essentiellement en produits tels

1. « La résistible ascension de la puissance chinoise », *Politique internationale*, nº 172, été 2021.

que le textile, les chaussures, les biens électroniques et informatiques. Sans nier la dépendance aux métaux rares, évoquée plus haut, les importations françaises portent sur des biens à faible valeur ajoutée. D'autres pays, confrontés à des mesures de rétorsion économiques par la Chine, pour des raisons politiques, (Taïwan, la Corée du Sud, l'Australie, par exemple) ont su s'adapter et réorienter leur commerce vers d'autres partenaires de la zone. Pourquoi la France et l'Europe ne pourraient-elles pas faire de même en cas de montée des tensions avec Pékin ?

16

OTAN et Union européenne : l'alignement des planètes ?

Si on peut légitimement s'interroger à la fois sur la puissance réelle des deux alliés russe et chinois et sur la solidité de leur contrat de confiance, on constate en revanche que le front occidental s'est retrouvé plutôt soudé par la crise ukrainienne. Bien sûr, rien n'est jamais définitif dans ce registre subtil des relations transatlantiques et de celles internes à l'UE. Mais il ne paraît pas exagéré, au moment où nous écrivons, de parler d'un alignement de planètes entre l'OTAN (dominée par les États-Unis) et l'Union européenne. Qu'est-ce qui nous permet de le dire ?

« Sans les États-Unis, les Russes seraient aujourd'hui à Kiev ! » souligne Thomas Gomart de l'IFRI[1]. Le constat est indiscutable. La puissance américaine a joué à plein pour aider la petite armée ukrainienne à faire front et affaiblir le corps d'invasion russe. Décrit comme hors-jeu

1. Entretien avec l'auteur.

par ses adversaires compte tenu de son âge, le président Biden a opéré un retour spectaculaire vers le vieux continent à la place de pivot militaire. Les Européens ont été également au rendez-vous de l'Histoire en serrant les rangs et en aidant militairement Kiev. Ils l'ont fait à leur niveau : ce qui se chiffrait en millions d'euros de leur côté, l'a été en milliards de dollars du côté du grand allié (plan d'aide globale civil et militaire de quarante-quatre milliards de dollars[1]). Cela ne peut, logiquement, qu'accroître le prestige américain au sein des pays de l'est de l'Europe. Et le mouvement de réarmement général auquel nous allons assister dans les prochaines années va mécaniquement leur bénéficier. Comment le leur

1. L'aide militaire américaine est impressionnante par le nombre et la puissance du matériel fourni. Alors que le budget de la défense ukrainien représentait moins de 6 milliards de dollars en 2021, au septième mois de guerre, l'administration Biden avait donné 13 milliards de dollars d'aide militaire. Les forces armées ukrainiennes ont reçu des hélicoptères de transport de troupes Mi-17 (qui devaient originellement être donnés à l'armée afghane…), des missiles antichars, des petits drones kamikazes, des pièces d'artillerie (155 mm et 105 mm), des lance-missiles multiples longue portée (80 km), des missiles air-sol antiradar, des véhicules blindés de combat d'infanterie, des mortiers, des missiles de défense côtière, des centaines de milliers d'obus de tout calibre, des pièces de rechange, du petit armement (armes de poing, fusils d'assaut), des explosifs C4 (pour les opérations de sabotage), des combinaisons NRBC (nucléaire, radiologique, bactériologique, chimique), etc. Pour sa part, la France a fourni des canons Caesar (155 mm, 40-50 km de portée, précision métrique), des armes antichars et antiaériennes (courte portée), des véhicules de l'avant blindé (VAB), des armes de petits calibres, des tenues NRBC, des jumelles de vision nocturne (JVN), du matériel médical.

reprocher ? La Russie porte l'entière responsabilité de ces mutations qui sont autant de revers cuisants pour elle.

Puissance européenne : un mot qui n'est plus obscène

L'Union européenne se retrouve donc devant un double défi : nourrir un dialogue transatlantique renouvelé et pertinent (ni soumission ni arrogance vaine – ce dernier point s'appliquant à la France), et renforcer le pilier européen de l'OTAN, notamment son pôle industriel au sein de l'UE. Paris et Berlin doivent désormais assumer un leadership puissant dans ce domaine complexe où les intérêts des industriels ne coïncident pas toujours avec les impératifs de souveraineté nationale. Bruxelles demeure toujours un îlot de vertus dans un monde de brutes, mais il va lui falloir muscler son jeu de jambes et son crochet du droit. Heureusement, le mot « puissance » a enfin fait son apparition dans son dictionnaire. Il faut maintenant nourrir sa définition de termes concrets. Maintenant que Berlin a viré sa cuti pacifiste, il faut qu'elle assume dans le domaine de la défense un rôle qu'elle a, jusqu'à présent, toujours esquivé pour se concentrer sur son bien-être et sur son rôle de locomotive économique de ses petits camarades européens. L'autre mot-clé de toute l'affaire est : solidarité. Les Européens doivent faire leur la devise de la Belgique : l'Union fait la force.

Il faut, en outre, remiser les éternelles querelles sémantiques sur les questions de préséance entre l'OTAN

– incontestablement sous influence américaine – et son pilier européen, en partie sous influence française, contestée par une partie des pays de l'Union car jugée trop frondeuse. Face à la grave menace russe sur le continent, les deux sont indispensables car les traditionnelles querelles intestines font le jeu de Poutine. Le maître du Kremlin cherchera à appliquer aux Européens la tactique des Horace face aux Curiace, les diviser, puis les battre un par un. Américains et Européens l'ont bien compris. Sauront-ils rester en ligne, comme l'on dit quand on monte à l'assaut ?

Le retour en force de la géopolitique

Le fait que l'OTAN, forte de trente-deux membres (avec l'arrivée de la Suède et de la Finlande), coïncide de plus en plus avec l'Union européenne (désormais vingt-trois des vingt-sept pays de l'UE en font partie), est, à mon avis, un point favorable pour la consolidation du pilier européen de l'Alliance. La présence des deux nouveaux au sein de l'OTAN aura un effet particulièrement heureux : celui de désenclaver les pays Baltes, en première ligne face à la Russie. Mais plus une famille s'agrandit, plus il faut veiller à sa solidarité malgré les inévitables différences de sensibilités. Le mot « géopolitique » dit tout : on a la politique de sa géographie. Des pays du flanc oriental, comme la Pologne, les pays Baltes ou la Finlande, qui ont déjà connu la botte rouge, ne regardent pas la carte de la même façon que la France, l'Espagne ou l'Italie. Et ce n'est pas une surprise, si l'on retrouve les pays Baltes dans les premiers contributeurs à l'aide pour Kiev.

Les pays de l'ouest du continent (notamment la France) doivent prendre en compte cette sensibilité. Elle est naturellement pro-américaine parce que l'aigle américain semble en mesure de dominer largement l'ours russe. Encore plus qu'hier, ces pays considèrent que leur véritable assurance vie se trouve à Washington. Espérons, toutefois, que l'expérience Trump demeure dans leur esprit. Tout attendre de l'Oncle Sam serait une nouvelle erreur ! Surtout quand on constate les fragilités de plus en plus profondes de cet allié d'outre-Atlantique. « Nul ne peut rejeter l'hypothèse d'une paralysie de l'OTAN en cas d'isolationnisme américain exacerbé », souligne l'eurodéputé Arnaud Danjean. Les Européens sont en première ligne, ils ne doivent pas l'oublier. La guerre a fait son retour en Europe (pas aux États-Unis) et elle ne va pas disparaître du paysage avant longtemps car le tsar Poutine ne peut reculer ni psychologiquement ni stratégiquement pour la survie de son propre règne.

Une seconde jeunesse

Si l'OTAN n'a pas été impliquée, en tant que telle, dans l'aide militaire apportée à l'Ukraine, ses mesures de réassurance[1] des pays qui en font partie et qui sont en

1. L'OTAN n'a pas découvert le 24 février 2022 la menace russe sur le flanc oriental de l'Alliance. Les avions de combat russes n'ont

première ligne face à la menace russe (notamment la Pologne, les pays Baltes, la Roumanie) lui ont donné une seconde jeunesse. Cette alliance politique née en 1949, dotée d'un outil militaire puissant et interopérable[1], s'était retrouvée privée d'ennemi avec la disparition du pacte de Varsovie, en 1991. Elle avait pu donner le sentiment de perdurer uniquement pour préserver les intérêts américains en Europe (tout particulièrement leurs ventes d'armes), plus que pour faire face à une menace tangible. Les critiques dans ce sens n'ont pas manqué et toutes n'étaient pas infondées.

---

cessé ces dernières années de tester les limites de l'espace aérien européen en flirtant avec elles. Bon an, mal an, ce sont quelque quatre cents opérations aériennes de l'OTAN qui répondaient aux tentatives d'intrusion de la chasse russe dans l'espace européen. Le même phénomène se passait sous l'eau avec les sous-marins russes. Ces mesures dites de « réassurance » ont été considérablement renforcées dans les pays européens se retrouvant en première ligne face à l'Ukraine envahie. La France y a participé, notamment sur terre et dans le ciel de la Pologne, des pays Baltes et de la Roumanie, sans compter la présence en mer de la marine nationale.

1. Les unités des trente pays de l'OTAN ont l'habitude de s'entraîner ou de combattre ensemble (au Kosovo, en Afghanistan, en Libye). Interopérable veut dire qu'ils ont des systèmes de communication communs, une langue commune (le *globish*, *global english*, jargon militaro-opérationnel pratiqué par tout le monde), des cadres d'ordres communs, des procédures communes. L'OTAN est une « famille » militaire, avec, comme dans toutes les familles, ceux qui boudent : en l'occurrence, la Turquie. Pourtant, cette dernière met depuis très longtemps à disposition des États-Unis sa base d'Incirlik pour y entreposer des armes nucléaires. Certaines nations (comme la France) peuvent être *lead-nation* (nation leader) d'une force de l'OTAN. Ainsi, un bâtiment américain, voire d'autre nationalité, peut parfaitement se retrouver sous commandement français pour une opération en Méditerranée, par exemple.

Emmanuel Macron jugeait l'Alliance, comme nous l'avons vu, en « état de mort cérébrale », tandis que Donald Trump estimait qu'elle était devenue « obsolète ». Non sans raison, le président américain trouvait que les Européens se reposaient un peu trop facilement sur son pays pour leur sécurité sans payer à leur juste hauteur leur quote-part à l'effort de préparation et d'entraînement de la machine de guerre commune. Paradoxe des temps, Vladimir Poutine a involontairement redoré les lettres de noblesse de l'Alliance et l'a renvoyée à sa mission défensive originelle. « L'OTAN redécouvre sa grammaire[1] », souligne devant moi un général français, au cinquantième jour de guerre. Connaissant bien ce qui se passe à Bruxelles (UE), il note également « une révolution copernicienne » de ce côté en matière de défense. « Tout le monde est aligné[2] », disait-il, avant que la Hongrie de Viktor Orbán ne commence à jouer cavalier seul.

En ordre de bataille

Compte tenu des événements, la force de réaction (NRF) de l'OTAN – jusqu'à quarante mille hommes – a été activée. Une avant-garde de cinq mille hommes déployable en quarante-huit heures a été placée en état d'alerte dès les premiers jours de l'invasion. La France

1. https://www.nato.int/cps/fr/natohq/news_196396.htm?selectedLocale=fr.
2. *Ibid.*

en fait partie. En début d'année, Paris avait pris le commandement de la composante terrestre et aérienne de la NRF ainsi que de sa *task force* spécialisée dans les risques nucléaires, radiologiques, biologiques et chimiques (NRBC), soit près de huit mille personnes. Elle a d'ailleurs fourni à Kiev, en prenant sur ses stocks, des combinaisons de protection NRBC et des doses d'iode (lutte contre les radiations). La marine de l'OTAN a également renforcé sa présence en mer Baltique où la marine russe est très active sur ou sous l'eau.

Le 29 juin 2022, l'OTAN a dévoilé à Madrid[1] son nouveau concept stratégique : il était attendu, compte tenu des circonstances. Ce document a remplacé celui adopté, en 2010, avant l'annexion de la Crimée par la Russie. Un autre monde… Il prend pour la première fois en compte la question chinoise. D'où la présence à ce sommet de la Corée du Sud, du Japon, de l'Australie et de la Nouvelle-Zélande, autant de pays inquiets des visées de Pékin dans le Pacifique. Un événement sans précédent. À l'issue des travaux, l'OTAN a estimé que la Russie représentait désormais une « menace » et la Chine un « défi ». Même si la France pense que l'OTAN n'est pas construite pour traiter de la question asiatique (ce qui est incontestable) et que Washington a un tropisme anti-Pékin trop marqué (ce qui est vrai), elle n'a pas souhaité empêcher que le dossier de

1. L'Espagne célébrait le quarantième anniversaire de son adhésion à l'OTAN.

l'expansionnisme chinois soit évoqué, surtout devant des pays directement concernés par celui-ci.

Menace russe, défi chinois

Le secrétaire général, Jens Stoltenberg, a déclaré : « Les décisions prises à Madrid permettront de faire en sorte que l'Alliance puisse continuer de préserver la paix, de prévenir les conflits et de protéger nos populations et nos valeurs. L'Europe et l'Amérique du Nord sont unies au sein de l'OTAN[1]. » C'est beau comme l'antique et les alliés vont devoir beaucoup se parler dans les mois et les années qui viennent pour ne laisser prospérer entre eux aucun malentendu ni procès d'intention. Or, il en existe, en ce qui concerne le dossier chinois : les deux rives de l'Atlantique ne sont pas complètement alignées, contrairement à ce que laissait entendre le communiqué final de Madrid. Les Français, notamment, n'aiment pas le côté « croisade » qu'affectionnent les Américains.

Dans le passé, Washington aurait beaucoup gagné à écouter son partenaire français qui tentait de le dissuader de se lancer dans sa calamiteuse expédition contre l'Irak de Saddam Hussein (2003). Les Français ne veulent pas que l'OTAN soit directement impliquée dans un conflit avec la Chine, ce qui lui ferait perdre sa valeur défensive

1. https://www.nato.int/cps/fr/natohq/news_196396.htm?selectedLocale=fr.

en Europe. Or, pour les Américains, la menace chinoise ne les concerne pas uniquement parce qu'elle viserait à les concurrencer dans le domaine économique, dans celui de la suprématie nucléaire militaire[1] ou dans son leadership en matière spatiale. Elle est à leurs yeux un risque structurel pour les valeurs du « monde libre ». Ses routes de la soie, son espionnage industriel méthodique, ses armées de cybercombattants, son *soft power* qui passe par des relais d'influence puissants dans les démocraties, son hégémonie en mer de Chine méridionale, son influence dans le Pacifique[2], son puissant réarmement (notamment naval), en font *de facto* une menace encore plus importante que celle de la « petite » Russie.

1. Le dernier rapport de la CIA sur l'état du monde (*Les Nouvelles Menaces sur notre monde vues par la CIA*, Les Équateurs, 2022) souligne ce point : « Pékin poursuivra la plus grande expansion de la force nucléaire et la plus large diversification de l'arsenal de son histoire. […] La Chine est en train de constituer une force de missiles et de bombardiers nucléaires plus grande et de plus en plus efficace, plus résistante, plus diversifiée et en état d'alerte plus élevée que par le passé, y compris des systèmes de missiles nucléaires conçus pour gérer l'escalade régionale et assurer une capacité de frappe intercontinentale dans n'importe quel scénario. »

2. En avril 2022, la Chine poussait encore plus loin ses pions dans la zone sensible du Pacifique : elle signait avec les îles Salomon un vaste accord de sécurité. Situées dans « l'arrière-cour » de l'Australie (à 2 000 km), ces îles sont d'un intérêt stratégique aux yeux de Canberra et cet accord dégrade encore un peu plus la relation déjà tendue avec Pékin. L'Australie reproche notamment à la Chine d'avoir cherché à pénétrer le système politique de leur pays en « achetant » des consciences. Les Australiens ont pris des mesures pour interdire des dons à des partis ou personnalités politiques venant d'un pays étranger.

Tenir dans la durée

Mettant momentanément de côté le « défi » chinois, l'Alliance atlantique s'est focalisée sur la « menace » russe. Ses dirigeants ont décidé d'adapter en profondeur la posture de dissuasion et de défense de l'OTAN, en musclant les dispositifs de défense avancés du côté de l'Ukraine, en renforçant également les groupements tactiques dans la partie orientale de l'Alliance, et en portant à plus de trois cent mille soldats les effectifs des forces à haut niveau de préparation. Il s'agit d'être dissuasif vis-à-vis d'une Russie qui pourrait être tentée par une fuite en avant du côté des pays Baltes ou de la Pologne, par exemple. Ce n'est pas un scénario que je privilégie mais ces pays ne pensent pas la même chose car ils ont déjà connu la botte russe. Les Otaniens ont également décidé d'augmenter le financement commun du budget militaire. Les alliés se sont engagés à soutenir durablement l'Ukraine, sous la forme de mesures d'assistance et de formation renforcées. Bref, le bellicisme russe a plus fait, en quelques mois, pour la cohésion et le renforcement de l'OTAN que des années de bonnes volontés affichées et de réformes.

La question essentielle va être de tenir dans le temps quand déjà des voix pernicieuses se font entendre pour demander de renoncer aux sanctions contre la Russie pour ne pas avoir trop froid l'hiver prochain. D'autres commencent à expliquer qu'il est inepte de vouloir combattre les Russes « jusqu'au dernier Ukrainien ».

Propos assez ignoble, qui ferait du peuple ukrainien une masse sans conscience manipulée par les Américains (évidemment) et non des citoyens libres de choisir leur destin et de se battre pour la préservation de leur liberté.

La course du marathonien Poutine

Vladimir Poutine est persuadé que les Européens se révéleront incapables de souffrir dans la durée. Il estime que la fragilité des opinions publiques européennes, leur incapacité à encaisser les chocs pour défendre leurs principes, jouent en sa faveur. Il a raté son sprint initial pour la domination de toute l'Ukraine, mais il se veut marathonien. Le facteur temps est donc primordial car il faut raisonner en années, et non en mois, quand on parle de ce conflit et de ses répercussions planétaires. Certains événements donnent raison au Russe : depuis le début de la guerre en Ukraine, deux chefs de gouvernement ne sont plus là, Boris Johnson et Mario Draghi. Poutine est à l'abri de ce genre d'accident démocratique.

Le président Joe Biden aborde, quant à lui, les élections législatives de mi-mandat, novembre 2022, avec inquiétude (inflation, ralentissement économique). Le chancelier allemand, Olaf Scholz, se demande pour sa part comment l'économie de son pays, traditionnellement sûre d'elle-même et dominatrice, va s'adapter à des temps plus rudes. Or, les Allemands demeurent traumatisés par la grande crise de 1929 qui a facilité l'arrivée du nazisme au pouvoir. Ils doivent, en peu de temps, encaisser deux chocs structurels et structurants : la conversion à la puissance réarmée (avec les conséquences en matière d'engagements futurs) et le fait de renouer avec des fins de mois difficiles (avec les risques de tensions sociales à la clé). Les Britanniques découvrent les « joies » du Brexit qui les exposent aux intempéries économiques sans les bénéfices de la solidarité à vingt-sept. Des grèves massives (demandes salariales, protestation contre la montée des prix) ont submergé la Grande-Bretagne, alors que le gouvernement Johnson expédiait les affaires courantes dans l'attente d'un nouveau Premier ministre.

Et le président français, Emmanuel Macron, marche sur des œufs en craignant un retour des Gilets jaunes sur fond d'inflation et de tensions sur les énergies. Il a lucidement dépeint un tableau de rentrée 2022 qui semblait dessiner comme un futur passage à une économie de guerre. Les trois candidats arrivés derrière lui, lors de l'élection présidentielle (Marine Le Pen, Jean-Luc Mélenchon et Éric Zemmour), ont représenté plus de 50 % des votants (38 % des inscrits). Les extrêmes se rejoignant, ils campent sur des positions fortement eurosceptiques et anti-OTAN. Par ailleurs, ils ont toujours manifesté pour le système poutinien une certaine complaisance, sans que cela gêne trop leurs électeurs. Marine Le Pen comme Jean-Luc Mélenchon, par exemple, s'étaient déchaînés contre le président Hollande quand celui-ci avait décidé, en 2014, de renoncer à la vente de bâtiments de la marine (les BPC de type Mistral) au Kremlin. La chef de file du

Rassemblement national a demandé, au bout de cinq mois de guerre, d'arrêter les sanctions contre Moscou au motif que les Français souffriraient déjà plus que les Russes. En observant ces trois « révolutionnaires » d'extrême gauche et d'extrême droite, on ne peut s'empêcher de penser à la sentence de Stefan Zweig : « J'appris à observer le type éternel du révolutionnaire professionnel qui, par son attitude de pure opposition, se sent grandi dans son insignifiance, et se cramponne aux dogmes parce qu'il ne trouve aucun point d'appui en lui-même[1]. »

Nous avons toutefois lieu d'espérer que nous serons à la hauteur des défis du temps. L'enjeu est civilisationnel. Nombre d'Européens le comprennent. L'invasion russe les a profondément choqués. Les Ukrainiens sont en première ligne dans ce combat. Ils se battent pour eux… et pour nos valeurs. La prise en compte de leur demande de rejoindre la grande famille de l'UE était la moindre des choses pour signifier cette solidarité malgré une impossibilité à entrer directement en guerre contre un « pays doté », la Russie. L'aventure communautaire européenne s'est toujours hissée au-dessus de ses querelles intestines dans les périodes de tension et de difficulté. Elle a une belle occasion de prouver sa capacité à le faire une fois de plus.

---

1. Stefan Zweig, *Le Monde d'hier, souvenirs d'un Européen*, Paris, Livre de Poche, 1996.

17

La France et son armée

Membre fondateur de la communauté européenne, puissance diplomatique et militaire de rang respectable, la France a un rôle majeur à jouer dans le tumulte du moment. Membre permanent du Conseil de sécurité, elle a pour elle de n'avoir peur ni du terme « puissance », ni de l'expression « mourir au combat ». Elle a contre elle, du côté des pays de l'est de l'Europe, une suspicion d'arrogance et une méfiance tenace quant à sa volonté de jouer une carte « gaulliste » anti-américaine. Pourtant, depuis 2017, Paris ne s'est pas trompée en appelant avec insistance les autres capitales européennes à ne pas considérer les mots « autonomie » et « puissance » comme obscènes, à refuser une logique internationale des grands prédateurs qui reléguerait l'Europe au rang de sympathique espace touristique. Il faut reconnaître au président Macron une constance très pertinente dans ce domaine. Dans plusieurs émissions, je n'ai pas craint de le qualifier de « visionnaire » sur ces questions. Les événements d'Ukraine donnent encore plus de relief à ses exhortations à passer la vitesse supérieure dans le domaine de la défense et de la cohésion politique européenne. Mais la France, elle-même, a-t-elle encore les moyens de ses ambitions ? Peut-on toujours dire qu'elle est la seule véritable puissance militaire de l'Union européenne ?

« Notre capacité à être une force expéditionnaire ne nous rend pas instantanément aptes à conduire une guerre de haute intensité. Le changement d'échelle et le recouvrement des capacités que nous avons éclipsées sont des défis[1]. » C'est ainsi que le chef d'état-major des armées (CEMA), le général Thierry Burkhard, la plus haute autorité militaire française, résume, dans un style plus diplomatique que militaire, l'état guerrier de la France. Le constat est indéniable, même si selon le vieux proverbe attribué à Talleyrand : « Quand je me regarde, je me désole, quand je me compare, je me console. » Même si la France est le borgne de service aux pays des aveugles européens, elle s'est inscrite dans une longue tradition consistant à avoir une guerre de retard[2]. Les gouvernements successifs ont fait une grosse impasse sur le cas de figure que nous connaissons depuis le 24 février 2022.

1. Audition devant les députés de la commission de la Défense nationale, le 13 juillet 2022.

2. Pierre Servent, *Le Complexe de l'autruche. Pour en finir avec les défaites françaises. 1870, 1914, 1940*, Paris, Perrin, 2011.

Depuis le retour de la guerre de haute intensité à une portée de missile de Paris, les Français s'interrogent : où en est la France sur le plan militaire ? Sommes-nous à la veille d'un nouveau mai-juin 1940 ? Le pays est-il préparé à une guerre de haute intensité si demain la Russie envahissait les pays Baltes ou la Pologne ? Pourquoi n'aurions-nous que quinze jours de dotation de munitions ? À quoi sert la force de dissuasion nucléaire ? Pourquoi le président Macron, chef des armées, parle-t-il d'un passage à une « économie de guerre » ? Faut-il aider militairement l'Ukraine ? Combien l'Union européenne compte-t-elle de divisions ? Peu passionnés par ces questions ces dernières décennies, les Français, – et les autres Européens, encore plus en retard – ont dû procéder à d'intenses cours de rattrapage. Ils s'étaient, jusque-là, intéressés de façon sporadique à ces sujets assez peu glamour dans un paysage qui se voulait hédoniste, éternellement baigné de paix, de concorde et de business heureux. La douche russe a été d'une température sibérienne.

L'armée rabotée

Les citoyens français ont été pendant longtemps tout à fait indifférents au sort du budget de la défense de leur pays. La tendance générale était plutôt de considérer que c'était toujours trop. Depuis plus de trente ans, les gouvernements français successifs ont donc pu le réduire sans cris d'orfraie pour financer la protection sociale, un sujet jugé électoralement plus sensible. Bien sûr, cela n'a pas de sens du point de vue de la comptabilité publique car on ne peut prendre dans une colonne pour mettre l'argent dans une autre. Nicolas Baverez dit la même chose d'une manière plus savante et non moins juste, en expliquant que : « La France a sacrifié son État régalien à son État providence[1]. » Coup de rabot après coup de rabot, la puissance militaire française a connu ces dernières années un drastique régime minceur. Ce fut d'autant plus facile à opérer que, les militaires n'étant pas syndiqués, personne n'est descendu dans la rue pour réclamer des sous pour l'armée !

Sur le plan capacitaire (matériels), aucune loi de programmation n'a été respectée, sauf la dernière votée sous le premier mandat d'Emmanuel Macron (2019-2025). Or « programmation » veut dire anticipation, préparation de l'avenir, surtout pour des armements dont les temps de conception, de gestation et d'accouchement sont très longs. Le futur a été assez largement sacrifié à l'immédiat, même si l'armée française a globalement fait honneur à ses traditions guerrières en étant engagée sur des multiples fronts extérieurs et intérieurs.

Les officiers généraux que j'ai rencontrés, ces derniers mois, reconnaissent tous que le respect de la dernière loi de programmation militaire (LPM) fut une heureuse surprise (une loi de « reconstruction », disent-ils, à

1. *Le Figaro*, 6 mars 2022.

l'instar de l'ancien CEMA, le général Lecointre). Mais la France est encore loin du compte pour faire face à un retour de la guerre de haute intensité. Que dire des autres Européens !

Toutefois, il faut éviter la panique : nous ne sommes pas en mai 1940 avec un outil militaire immobile (la ligne Maginot) face à la fulgurance des Panzers allemands. La France appartient à deux alliances politiques et militaires (l'OTAN et l'UE, cette dernière comprenant également un volet de défense mutuelle). La perspective d'avoir à porter seule le poids d'une guerre conventionnelle paraît peu probable, pour ne pas dire impossible.

Elle est par ailleurs un pays doté du nucléaire. Mais, une fois de plus dans son histoire[1], le pays a péché ces dernières décennies par insouciance et légèreté, gauche et droite confondues.

Régime sec

Les lois de programmation existent pour anticiper les besoins des armées, en adéquation avec une analyse immédiate et prospective des menaces. Il s'agit de jouer sur le temps long. Cette démarche est intellectuellement et industriellement pertinente. Mais, en tension permanente sur leurs finances publiques, les gouvernements successifs ont suivi une politique à la petite semaine.

1. Pierre Servent, *Le Complexe de l'autruche*, *op. cit.*

Concrètement, là où avait été prévu un programme de deux cents véhicules blindés, finalement, seuls cent cinquante étaient commandés et l'arrivée des nouveaux matériels était de plus en plus étalée dans le temps pour faire des économies de court terme. Cela finissait par coûter très cher en entretien et réparation des vieux outils qui, parfois, avaient le double de l'âge de l'équipage à son bord (on pense à l'avion de transport C-160 Transall ou au blindé léger AMX-10 RC, mis au rencart en 2022 après plus d'un demi-siècle de bons et loyaux services). Dans le même temps, le coût des futurs programmes grimpait pour intégrer de nouvelles spécifications.

Les trois armées ont connu ces mêmes dérives. Depuis 1996, l'armée de l'air a fermé une base aérienne chaque année et ses effectifs ont diminué de 30 %. Elle ne dispose plus, explique le général Mille, chef d'état-major de l'armée de l'air et de l'espace, que de cent quatre-vingt-quinze avions de chasse, soit trois fois moins qu'il y a trente ans[1]. Il estime qu'un plancher à deux cent vingt-cinq avions permettrait d'être plus serein par rapport aux missions fixées[2]. Alors député de la commission Défense de l'Assemblée nationale, l'historien et avocat Jean-Louis Thériot me faisait

1. L'armée de l'air et de l'espace compte également 69 avions de transport, 12 drones, 15 avions ravitailleurs et 33 hélicoptères de transport. En 2022, cette armée a reçu 3 avions ravitailleurs, 2 A-400 M (transport) et 13 Mirage 200-D rénovés. En 1991, l'armée de l'air comptait 686 avions de combat.

2. Entretien avec l'auteur.

remarquer que, quand on retirait à ce chiffre de cent quatre-vingt-quinze les prélèvements de Rafale pour l'export, ceux dédiés à la dissuasion et à la défense aérienne de sécurité du territoire, l'armée de l'air avait du mal à mettre en l'air plus d'une cinquantaine d'avions de guerre. Selon lui, en cas de combat de haute intensité, « en quelques jours ou en quelques semaines, il n'en resterait plus rien[1] ». Pour sa part, le général Pierre Schill, chef d'état-major de l'armée de terre, a listé devant la représentation nationale, à l'été 2022, les systèmes d'armes qui sont en nombre trop limité[2] : « Les capacités de défense sol-air, les feux dans la profondeur [les pièces d'artillerie longue portée comme le Caesar], le renseignement [notamment les drones], les moyens de franchissement [les moyens du génie]. »

1. Entretien avec l'auteur.

2. L'armée de terre compte 140 000 hommes, plus 24 000 réservistes. Elle dispose de 222 chars de combat lourds, 3 653 blindés légers, 153 hélicoptères d'attaque, 112 hélicoptères de manœuvre (transport), et 120 pièces d'artillerie (dont 76 Caesar avant les dons à l'Ukraine). En 2022, la livraison de 210 blindés légers de nouvelle génération (Griffon, Jaguar, Serval) et de 8 hélicoptères NH 90 (manœuvre) a été réalisée. Pour donner une idée de la déflation sur certains types de matériel, en 1991, la France comptait 1 349 chars lourds.

Une coupe bonsaï

Les effectifs ont été traités encore plus rudement. Deux présidents se sont illustrés dans leur taille, façon bonsaï. Lors de son mandat, Nicolas Sarkozy (droite) a engagé la suppression de cinquante-huit mille militaires sur trois cent vingt mille (soit presque le cinquième des effectifs, principalement des terriens), puis François Hollande (gauche) lui a emboîté le pas… jusqu'aux attentats djihadistes de 2015. Il a alors estimé imprudent de poursuivre cette descente aux enfers. L'hémorragie numérique a cessé, mais bien des casernes étaient déjà vendues, des postes de formateurs spécialisés supprimés. La remontée ne fut pas aisée.

Pour bien saisir l'ampleur des enjeux de ce début de siècle, il faut comprendre que la question aujourd'hui ne porte pas seulement sur un risque potentiel de confrontation en Europe. Le défi est mondial, comme nous venons de le voir. Nos lignes de défense, nos circuits d'approvisionnement énergétiques se jouent certes du côté du conflit ukraino-russe, mais également du côté de Taïwan et de la mer de Chine méridionale (40 % du transit maritime mondial), du côté de la zone indopacifique, avec le bras de fer entre l'empire du Milieu et l'empire des Indes, dans la zone du Golfe persique avec un Iran (potentiellement nucléaire) en embuscade dans une zone vitale pour le passage des tankers pétroliers. En Mésopotamie et au Levant, l'empire perse rêve de renforcer son croissant chiite face aux ennemis sunnites[1]. Ces derniers ont d'ailleurs opéré une conversion spectaculaire en se rapprochant d'Israël, ennemi jusque-là structurel. En mer Noire et en Méditerranée, l'empire russe entend imposer une nouvelle puissance navale au grand dam de la Sublime Porte.

Qui tient la mer tient la terre

La marine est donc un enjeu majeur à ne pas négliger. La Chine, l'Inde et la Russie ont considérablement augmenté leurs potentiels navals, partant de l'idée que qui tient la haute mer tient la basse terre ! Un vieux principe que la marine britannique a pratiqué pendant des siècles pour assurer sa domination de grands espaces et régner sur quatre cents millions d'âmes avec ses vaisseaux et un corps expéditionnaire de deux cent mille hommes. Aujourd'hui, Pékin met à la mer tous les trois ans, en tonnage, l'équivalent complet de la marine française. En 2030, c'est-à-dire demain, si

1. Après la mort du Prophète (632), les Arabo-Musulmans partent à l'assaut du monde, le Coran dans une main, le cimeterre dans l'autre. Ils font tomber, notamment, le grand empire perse des Sassanides (de religion zoroastrienne). Les Perses ont été contraints d'embrasser la nouvelle religion (pour devenir ensuite des chiites). Mais ils conservent la mémoire de cette invasion initiale. La poésie persane célèbre l'âge d'or sassanide détruit par la cavalerie arabo-musulmane. Cela teinte l'antagonisme structurel qui oppose l'Arabie saoudite (sunnite) à l'Iran (chiite).

la Chine reste sur sa lancée, sa marine de guerre sera deux fois et demie plus importante que celle des États-Unis. Il n'est pas certain que les marins chinois soient encore capables de faire manœuvrer avec efficacité et harmonie cette puissance maritime émergente. Mais on peut leur faire confiance pour tenter d'y parvenir.

Ce vice-amiral français, qui travaille sur la prospective, défend l'importance de son armée : « La marine nationale sera de plus en plus indispensable pour les équilibres économiques de demain. On aura de plus en plus besoin de la mer pour nos approvisionnements. Ce qui se passe en mer Noire montre à quel point l'espace maritime devient stratégique[1]. » Rappelons que la France détient le second domaine maritime mondial. Il va falloir le défendre. D'autant que, depuis la fin de la guerre froide, sa marine a perdu la moitié de son tonnage.

Une remontée en puissance a été amorcée avec la loi de programmation militaire du premier mandat Macron : admission au service du premier des cinq sous-marins nucléaires d'attaque (SNA) de type Suffren (programme Barracuda), lancement de programmes importants avec les patrouilleurs outre-mer (POM), les bâtiments ravitailleurs de force (BRF), les patrouilleurs océaniques (PO), les frégates de défense et d'intervention ; ou encore études relatives au sous-marin nucléaire lanceur d'engins (SNLE) de nouvelle génération (prévu pour 2035) et au porte-avions de nouvelle génération (PANG) qui devra remplacer

1. Entretien avec l'auteur.

le *Charles-de-Gaulle.* Tout cela va dans le bon sens, et des avancées sont visibles également pour les autres armées.

Mais l'amiral Pierre Vandier, le chef d'état-major de la marine nationale, le 27 juillet, devant les députés, a rappelé une dure loi de l'industrie de défense : les décisions prises maintenant ne pourront produire leurs pleins effets que bien plus tard : « Il faut vingt ans pour former un commandant de sous-marin et autant de temps pour construire son bateau. C'est la génération de nos parents qui a dessiné et construit le *Charles-de-Gaulle.* C'est à la nôtre qu'il revient de construire les outils militaires qui défendront la génération de nos enfants et petits-enfants dans les quarante prochaines années[1]. » La grande question est : comment fait-on pour gérer l'écart entre un aujourd'hui menaçant et un demain hypothétique ?

La marine française fait déjà l'objet en Méditerranée de comportements inamicaux de la part de ses homologues russes. En clair, ses bâtiments ont été visés par les conduites de tir des Russes. C'est l'étape préalable au déclenchement d'un tir de missile mer-mer. Enfin, toujours sur ce chapitre maritime, en évoquant la situation dans le détroit de Formose (Taïwan), l'amiral

1. La marine compte principalement un porte-avions à propulsion nucléaire (42 Rafale M), 3 porte-hélicoptères (les anciens BPC, bâtiments de projection et de commandement), 15 frégates de premier rang, 5 sous-marins nucléaires d'attaque (propulsion nucléaire ; pas d'armes nucléaires) et 4 sous-marins nucléaires lanceurs d'engins (SNLE, porteurs d'armes nucléaires).

Vandier a déclaré : « Contre la marine chinoise, nous gagnerons si nous nous battons ensemble, en coalition[1]. » Ce type de déclaration est rarissime sous cette forme aussi directe. Elle en dit long sur l'état du monde dans lequel nous sommes entrés.

Check-up

Si on essaye de faire un bilan de santé global de la défense française, il faut rappeler – et ce n'est pas rien en ce moment – que la France, comme nous l'avons vu, est la seule puissance nucléaire européenne continentale indépendante, la force de dissuasion nucléaire britannique étant pour sa part très liée aux États-Unis. Washington fournit à Londres ses ogives atomiques et conserve un droit de regard sur ses sous-marins nucléaires lanceurs d'engins (SNLE).

Quand la France est revenue dans le commandement intégré de l'OTAN[2] (sous le mandat de Nicolas Sarkozy,

1. Le 27 juillet devant la représentation nationale.

2. Le commandement intégré de l'OTAN est le volet de commandement militaire d'une alliance qui est avant tout politique (elle fonctionne à l'unanimité, aucun pays ne peut se voir imposer une décision). Le commandement suprême des forces alliées en Europe (situé à Mons, en Belgique) fixe – sous couvert de l'autorité politique des trente États – les grands axes stratégiques et assure la conduite des opérations décidées. Ce commandement est assuré par un Américain. Depuis le retour dans le commandement intégré, la France a le poste du commandement allié pour

en 2009), elle a conservé son indépendance complète en matière nucléaire. Celle-ci ne relève que du chef des armées et, comme je l'ai rappelé, elle vise à défendre nos intérêts vitaux contre tout type d'agression.

En outre, l'armée française (un peu plus de deux cent cinq mille hommes, soixante-cinq mille civils de la défense, quarante-trois milliards d'euros de budget annuel pour 2023) est sans conteste la meilleure armée européenne. Malgré les difficultés économiques, le ministre des Armées, Sébastien Lecornu, a annoncé le respect de la loi de programmation militaire actuelle, avec une augmentation de plus de trois milliards d'euros pour 2022. Selon la formule consacrée, la France dispose d'une « armée complète » : cela va des fantassins aux fusils d'assaut, des satellites militaires d'observation

---

la transformation (stratégie, évolution et doctrine). Le départ du commandement intégré en 1966 (décision du président de Gaulle) n'a jamais empêché la France d'être un membre actif de l'OTAN. Toutefois, Paris se refusait à se placer sous les ordres du commandement suprême (traditionnellement tenu par un Américain) et de tenir un « créneau » (c'est-à-dire une portion de territoire européen) face aux forces du pacte de Varsovie. Lors de son retour, la France a obtenu des dispositions particulières : indépendance totale de la force de dissuasion nucléaire, liberté totale d'appréciation de la pertinence de participer ou non à une opération (redondant par rapport au dispositif d'unanimité), aucune force française placée en permanence sous un commandement de l'OTAN en temps de paix. Près de 800 militaires français se trouvent au sein des structures de l'OTAN. Une sortie du commandement intégré de l'OTAN ne donnerait strictement aucune marge d'action supplémentaire mais pénaliserait la France, en matière de crédibilité, au sein de la « famille », tout particulièrement du côté des Européens de l'Est.

aux drones armés, de l'artillerie aux véhicules blindés d'infanterie, des sous-marins nucléaires d'attaque aux frégates multi-missions, des Rafale aux Mirage, des forces spéciales aux hélicoptères. Le maître mot de cette armée, c'est le combat collaboratif, soit exactement l'inverse du modèle russe bâti en silos étanches. L'armée de terre a notamment investi dans le programme Scorpion[1] qui lui a fait franchir un saut qualitatif majeur en matière de combats interconnectés, de communication entre amis, d'équipement du fantassin et de modernisation de sa flotte de blindés, comme le Griffon[2] et le Jaguar[3].

---

1. Selon les termes même du général Schill (audition à l'Assemblée nationale du 22 juillet 2022) : « Avec le programme Scorpion, l'armée de terre entreprend probablement la modernisation la plus importante depuis la fin de la Seconde Guerre mondiale. Il s'agit de faire d'une pierre deux coups : renouveler nos blindés, en service depuis quarante ans, et capitaliser sur les apports du combat collaboratif. Les blindés, et plus largement les unités, partageront en temps quasi réel les informations les plus utiles pour déterminer la meilleure combinaison possible pour se protéger et pour détruire l'ennemi. Comprendre plus vite, décider plus vite, agir et réagir plus vite, tout cela multiplie nos chances de dominer l'adversaire. Le combat collaboratif est appelé à devenir une norme. »

2. Véhicule blindé multi-rôle destiné à remplacer le vieux véhicule de l'avant blindé (VAB). Il intègre parfaitement la numérisation du champ de bataille qui permet de connaître en instantané la position ami-ennemi.

3. Le Jaguar remplacera progressivement l'AMX-10 RC (roue-canon). Cet engin blindé de reconnaissance et de combat (EBRC) est un outil de reconnaissance blindé à six roues motrices de

Il faut ajouter à cela la très grande qualité des multiples écoles de formation de l'armée française (officier, sous-officier, personnels techniques et spécialisés) : elles constituent d'ailleurs très souvent un puissant « escalier social » (les militaires n'aiment pas l'expression » ascenseur social »). C'est sans doute l'un des derniers en France.

Masse et technologie

« La guerre en Ukraine […] rappelle que la technologie joue un rôle essentiel pour dominer l'adversaire, confirme le général Schill. Elle souligne également que la masse est un des facteurs de supériorité opérationnelle […]. Gardons-nous d'une vision trop manichéenne qui opposerait masse et technologie. Les deux sont nécessaires et complémentaires. Nous devons continuer à rechercher cet équilibre qui a guidé le développement de nos programmes d'armement. Le fait de disposer d'un matériel moderne, robuste et en nombre suffisant pour emporter la décision contribue directement à la confiance, aux forces morales, donc à l'efficacité opérationnelle[1]. »

Néanmoins, trop longtemps soumise à un impitoyable régime minceur, l'armée française souffre d'un manque

nouvelle génération ayant vocation à s'intégrer dans des combats en zone urbaine ou montagneuse.

1. Audition devant la représentation nationale du 20 juillet 2022.

de masse, de muscle et d'épaisseur, dans le sens où beaucoup de ses équipements sont remarquables mais trop restreints. On parle fréquemment dans les couloirs des états-majors d'une armée « à échantillons » : l'armée française a *de tout* mais en nombre limité. C'est ce que le général Mille, chef d'état-major de l'armée de l'air et de l'espace, m'a expliqué : « La pierre angulaire de notre système de combat, c'est notre aviation de chasse. Or, notre parc de Rafale – seul avion de combat polyvalent de l'armée de l'air et de l'espace – est au même niveau qu'il y a six ans. Nous venons de fermer un escadron équipé de Mirage 2000-C, ce qui réduit encore un peu plus notre format. Recouvrer de l'épaisseur en matière de supériorité aérienne et de projection de puissance passera par une commande affermie des avions nécessaires pour atteindre l'ambition opérationnelle de 2030[1]. »

Entendu par la commission spécialisée de l'Assemblée nationale, fin juillet 2022, son bras droit, le major général Frédéric Parisot, a insisté sur le fait que : « Sur le plan diplomatique et militaire, être une puissance aérospatiale offre une garantie de souveraineté et de liberté d'action, la faculté d'agir rapidement, avec précision, efficacité et proportionnalité, et une capacité de rayonnement et d'influence très précieuse. L'arme aérienne est l'arme du politique par excellence, produisant des effets immédiats et décisifs sur l'ensemble du spectre de la

1. Entretien avec l'auteur.

conflictualité : réactivité, fulgurance, allonge à l'échelle du globe, faible empreinte au sol [peu d'hommes au sol], effets gradués, réversibilité et maîtrise de l'escalade, tout en garantissant la liberté d'action et l'accès aux espaces communs, maritimes, aériens et spatiaux. »

La grande difficulté du pouvoir politique pour les cinq années qui viennent va être de faire remonter en puissance l'ensemble de cette « machine de guerre », et cela dans un paysage marqué par l'inflation (elle rogne les efforts budgétaires), un possible ralentissement économique, les conséquences financières de la Covid (le « quoi qu'il en coûte »), les pressions sur les ressources énergétiques et les bruits de bottes en plusieurs points du monde.

La fin des « guerres faciles »

« Nous assistons à un changement de cycle : maintenant c'est celui de la puissance qui est enclenché. Jusqu'à présent, nous avons conduit des "guerres faciles" – avec tout le respect dû aux soldats qui les ont faites –, en luttant contre la nébuleuse djihadiste en Mésopotamie, au Sahel ou en Asie centrale, nous explique un officier général de haut rang. On change de monde et il va falloir mettre un terme à la grande retraite de Russie capacitaire ; c'est-à-dire au fait d'avoir taillé sans cesse dans les moyens de la défense. Nous n'avons pas cessé de nous déshabiller[1]. » Même si ce n'est qu'un des aspects de la question, l'attention s'est portée en France sur ses très faibles stocks de munitions[2]. C'est une réalité. La marine nationale ne dispose ainsi, par exemple, que de quarante-cinq missiles antinavires. Les rapports parlementaires estiment à quinze jours la capacité française à faire face à un engagement majeur aéroterrestre. Même si la France a peu de chances de se retrouver seule dans cette configuration, la réalité est que les Européens ont fait une impasse complète sur les risques de retour de la guerre de haute intensité.

Les Français ont découvert les qualités des canons Caesar, d'une portée de quarante kilomètres et d'une précision métrique, donnés à l'Ukraine. Mais ils se sont rendu compte dans le même temps qu'en en donnant dix-huit sur les soixante-seize détenus par les armées françaises, la cote d'alerte pouvait être atteinte facilement. Si les chiffres officiels des dons à l'Ukraine sont moins précis pour d'autres armements, la même difficulté est apparue pour les Milan (antichar) comme pour les Mistral (anti-aérien), donnés en nombre compté par la France, non pas par pingrerie mais parce

1. Entretien avec l'auteur.

2. L'information sur les stocks de munitions est classifiée et n'est donc pas officiellement dans le domaine public. En revanche, on sait ce que les soldats français consomment en un an lors de leurs exercices. À la bataille de Kharkiv (nord-est de l'Ukraine), les Russes ont tiré en une minute ce que l'armée française utilise en un an sur ses champs de tir…

que les arsenaux ont été calibrés au plus juste. Les alliés européens, comme les Américains, ont été confrontés au même problème du fait de la baisse préoccupante de leurs stocks de Javelin[1]. Or, en matière d'industrie d'armement, rien ne se fait en un claquement de doigts. Le temps séparant la conception d'un armement de sa production est de dix à quinze ans. Rien que pour sortir un seul tube de canon Caesar, il faut deux cent cinquante heures d'usinage de précision[2].

Économie de guerre

Quelles sont les voies du redressement, sachant que le problème n'est pas uniquement français mais également européen ? L'Allemagne a dû faire le dur constat que son armée est aujourd'hui une composante ectoplasmique. Au moment du déclenchement de la

1. Ce missile anti-char très maniable (22 kg) a la caractéristique de prendre de la hauteur à l'approche du char ciblé. Il monte à la verticale, puis fond sur le sommet de la tourelle, un point vulnérable dans la cuirasse du blindé lourd. Les chars russes présentant le grand défaut de positionner leurs obus en couronne autour de la tourelle, l'explosion du missile fait tout sauter. Dans les chars occidentaux, la soute à obus se trouve dans un caisson blindé isolé de l'équipage, lui donnant ainsi plus de chance de survie en cas d'impact d'un obus ou d'un missile.

2. En juin 2022, environ 418 de ces canons ultramodernes (109 pour l'armée française, 309 à l'export) ont été commandés par les armées françaises, saoudiennes, belges, danoises, indonésiennes, marocaines, tchèques, thaïlandaises, ukrainiennes.

guerre d'Ukraine, le général commandant la Bundeswehr a constaté qu'il était dans l'incapacité de faire la moindre proposition substantielle à son gouvernement. Comment rattraper le retard sans pour autant asphyxier des économies fragilisées par la Covid et les répercussions économiques du retour de la guerre en Europe ? Comment faire pour que le poids des États-Unis (dont les matériels représentent déjà 80 % des achats européens) n'aggrave pas encore un peu plus le nanisme industriel militaire européen ?

Une des solutions passe par le couvert de l'« économie de guerre ». La France et l'Union européenne sont entrées dans cette logique, a affirmé le chef des armées français, le 13 juin, à Eurosatory, le plus grand salon international de la défense et de la sécurité terrestres et aériennes : « Nous allons durablement devoir nous organiser. » Emmanuel Macron a donc demandé une réévaluation de la loi de programmation militaire 2019-2025[1] au regard de l'évolution du contexte géopolitique. Il a appelé tout particulièrement au renforcement de l'industrie européenne de défense : « Dépenser beaucoup pour acheter ailleurs n'est pas une bonne idée. […] Nous avons besoin de renforcer une industrie et une base industrielle et technologique de défense européenne beaucoup plus forte et beaucoup plus exigeante. [Sinon],

1. La loi de programmation militaire 2019-2025 prévoit d'atteindre les 50 milliards d'euros annuels en 2025.

nous construirons les dépendances de demain. » Lors de sa traditionnelle allocution du 13 juillet (2022), dans les jardins de l'hôtel de Brienne (résidence du ministre des Armées), Emmanuel Macron a également tenu à rappeler : « Nous n'avons pas attendu les changements stratégiques pour réinvestir. » Cela fait émerger, a-t-il dit, une « exigence supplémentaire pour aller plus vite, plus fort, au moindre coût. [...] Il faut reconstituer plus vite et plus fort certains stocks, savoir produire davantage des matériels qui sont adaptés à ce retour de la guerre de haute intensité sur notre sol, réinterroger certains choix d'innovation ».

Le passage de la France en « économie de guerre » va permettre à l'État de procéder à des réquisitions de matériaux et à s'imposer comme client prioritaire sur tous les autres dans la chaîne de production industrielle. Par exemple, le ministre des Armées, Sébastien Lecornu, prépare un texte autorisant la réquisition, dans certaines circonstances, de matériaux ou de compétences appartenant à des entreprises civiles. Un tel mécanisme est courant aux États-Unis depuis plus de soixante-dix ans. Régulièrement amendé, le Defense Priorities and Allocations System (DPAS) a encore été invoqué en juin dernier par le président Biden pour accélérer la production domestique d'énergie verte en réponse à la flambée des prix des hydrocarbures. Comment aller plus loin ?

L'Europe de la défense, attendue… et décevante

Tous les interlocuteurs rencontrés par l'auteur, que ce soit le ministre des Armées ou de grands commandeurs militaires, soulignent la nécessité de l'intensification de la coopération européenne et, également, un dialogue soutenu et franc (comme l'on dit en langage diplomatique) avec les alliés américains. Y compris en tentant d'aller vers une spécialisation par pays, et surtout par groupes de pays, pour diminuer les coûts[1]. Ces idées ne sont pas simples à mettre en œuvre car chaque pays a sa logique industrielle et des emplois à préserver ; d'où, par exemple, les retards actuels sur le futur char, le futur avion de combat ou les drones européens. Il y a cinq ans, la France et l'Allemagne avaient jeté les bases d'une coopération – rejointe par les Espagnols –, concernant le système de combat aérien du futur[2] (SCAF) et le char du futur (MGCS : Main Ground Combat System). La même démarche a été lancée dans le domaine des avions de patrouille maritime (MAWS : Maritime Airborne Warfare Systems) ainsi que pour l'hélicoptère d'attaque Tigre 3 de nouvelle génération.

---

1. Joël Barre (alors DGA) explique : « L'un des intérêts économiques de la coopération, c'est le partage des coûts non récurrents. Le coût de développement de l'avion de combat du futur, dans sa phase de démonstration, s'élève déjà à 7 milliards d'euros. Nous le partageons à trois et payons, pour notre part, 2,5 milliards d'euros. S'il faut le faire seuls, nous ne ferons pas la même chose avec ces 2,5 milliards d'euros. »

2. Prévu à l'horizon 2040.

L'ancien délégué général pour l'armement, Joël Barre, n'a pas ménagé ses efforts pour faire avancer ces dossiers. Les résultats sont bien maigres car les Allemands (c'était avant la guerre en Ukraine) se sont montrés sous un jour peu moteur. Berlin a finalement renoncé au programme du futur Tigre et celui de l'avion de patrouille maritime n'a guère progressé. On lui prête l'intention d'acheter sur étagère des Poseidon américains alors que la France avec ses Atlantique 2 de nouvelle génération dispose dans ce domaine d'une expertise reconnue. Dans le même temps, les Allemands ont décidé d'acquérir trente-cinq F-35 américains, seuls avions homologués pour porter l'armement nucléaire américain[1]. Il faudrait que les Européens, surtout les plus lourds en puissance de frappe économique, comprennent que le danger est aux portes et que la solution de facilité américaine est une erreur. Acheter systématiquement et aveuglément des systèmes d'armes *made in USA* ne peut tenir lieu de politique européenne industrielle d'armement. Pour autant, une démarche d'autonomie dans ce domaine ne doit pas entraîner automatiquement un rejet du partenaire américain. Ce serait stupide ! Et surtout impossible à faire compte tenu du poids et de la qualité de son industrie d'armements. Le « en même temps » semble donc assez pertinent en la matière. Il faut chercher à tout prix la

1. Bien que l'Allemagne ne dispose pas d'armement nucléaire, elle s'est engagée auprès des Américains, dans le cadre de l'OTAN, à pouvoir porter les bombes nucléaires américaines en cas d'agression majeure.

complémentarité et le collaboratif : cela demandera sans aucun doute à l'administration américaine de maîtriser une forme de toute-puissance dans ce domaine sensible. En est-elle capable ? Les alliés de l'OTAN ne l'ont jamais été autant qu'aujourd'hui, il faut donc se parler et faire preuve d'imagination en matière de projets communs, y compris avec les Américains… du moins tant que le démocrate Joe Biden est aux manettes.

Quant à l'avion du futur, il reste à l'état d'ébauche, les principaux industriels concernés – Dassault Aviation et les filiales allemande et espagnole d'Airbus – ne parvenant pas à accorder leurs violons. Le char du futur en est toujours pour sa part à la phase d'étude d'architecture, personne n'étant sur la même ligne de départ pour son armement futur.

Même si l'on voit que le chemin à parcourir est long pour bâtir une puissance militaire industrielle européenne, il faut souligner les avancées. Pour la première fois, le budget européen 2021-2027 intègre un fonds dédié à la défense (sept milliards neuf cent mille euros). C'est certes encore modeste, mais c'est une indéniable avancée. De même, la création de la facilité européenne pour la paix (FEP), avant la guerre en Ukraine, a permis aux Européens de financer les livraisons d'armes à Kiev. L'Europe de la défense peut également s'appuyer sur le système satellitaire Galileo et partage dorénavant des bases militaires pour pouvoir projeter plus vite ses forces. « De mon point de vue de citoyen, je pense qu'il faut faire l'Europe de la défense et qu'on ne peut pas la faire sans l'Allemagne, a expliqué

Joël Barre. […] Il faut donc essayer mais il ne faut pas la faire à tout prix [et] si les projets de MCGS et de SCAF échouent, ce sera un échec pour l'Europe de la défense [mais] nous nous relèverions en poursuivant l'action nationale que nous menons depuis des décennies[1]. »

S'agissant justement de la « poursuite de l'action nationale », le président Macron a fixé un nouveau cap et expliqué une ligne de conduite philosophique de « guerre », le 13 juillet, en demandant de faire simple, efficace, rapide quand cela est possible. C'est, a-t-il dit, « toute notre base industrielle et technologique de défense qui est appelée à se transformer et à se recomposer dans une logique de souveraineté y compris européenne, pour réussir à répondre aux besoins de nos forces et trouver les meilleurs compromis. [Elle] va devoir encore accélérer. […] Nous avons beaucoup fait ces dernières années pour reconstituer nos capacités et rebâtir notre autonomie, lancer des grands programmes européens, aller dans le sens de plus d'innovation. Mais nous allons devoir investir parfois plus vite, plus fort et les industriels devront répondre à ces besoins. Il faudra changer de paradigme, renverser parfois certaines logiques et considérer que les projets doivent désormais être conduits selon une autre logique. »

Des annonces pourraient être faites prochainement pour aller dans le sens de la création d'un vivier de réservistes opérationnels dédiés à l'industrie de défense.

1. Joël Barre, dernière audition à l'Assemblée nationale, été 2022.

L'effort à entreprendre pour reconstruire un outil de défense à la hauteur des enjeux des décennies qui viennent est gigantesque. Comme on l'a vu, il ne pourra se faire qu'avec les alliés. Au-delà de ce qui a déjà été évoqué, il faudra faire un effort sur les missiles hypersoniques (dix mille kilomètres à l'heure), les lasers de combats, les missiles antiradars (pour détruire les systèmes de défense aérienne), les satellites gendarmes (pour contrer les tentatives d'intrusion ou de neutralisation de nos réseaux satellitaires vitaux pour les communications et la mise en œuvre des missiles guidés GPS), les drones de combat, le cyber, la guerre informationnelle… La liste est longue : tout ne pourra pas se faire en une nuit. Or, la menace russe est là et le défi chinois nous est d'ores et déjà lancé. Comment résoudre la quadrature du cercle ?

L'esprit de Bir Hakeim

Pour relever ces défis vertigineux, il faudrait, à mes yeux, parvenir à une sorte de mixte entre l'esprit de Bir Hakeim, le savoir-faire de la délégation générale pour l'armement et celui des industries spécialisées, grandes et petites. Pourquoi Bir Hakeim ? En mai-juin 1942, dans le désert de Cyrénaïque (Libye), trois mille sept cents Français libres du général de Gaulle font face à quarante mille soldats allemands et italiens et doivent tenir le plus longtemps possible pour permettre aux Britanniques de se réorganiser. Loin des rigidités et du poids bureaucratique qui ont tant pesé sur les armées françaises en mai-juin 1940, l'imagination prend le pouvoir. Les Français de De Gaulle résistent du 27 mai au 11 juin 1942. Pour ce faire, notamment, ils inventent des armements nouveaux résultant de l'hybridation sauvage et savante de certains matériels : ainsi le mariage entre de vieux canons de soixante-quinze et des camions Dodge (pour créer *ex nihilo* des pièces antichars), le couplage de canons de quarante millimètres sur des Bren carrier (petit chenillé faiblement armé au départ) donnent naissance à des « monstres » : ils infligent de graves dommages aux ennemis[1]. L'esprit de Bir Hakeim désigne la souplesse, l'imagination, la capacité à produire utile plutôt que sophistiqué, quitte à faire souffrir la dictature des règlements qui, en France, constitue trop souvent une barrière à l'efficacité et au bon sens.

Il va falloir trouver le bon équilibre entre rusticité et hautes technologies, achat sur étagère (on pense aux petits drones tueurs américains « couteaux à cran d'arrêt ») et productions rapides réalisées par plusieurs pays. Les enjeux budgétaires vont être considérables, dans une période socialement et économiquement chahutée. Les arbitrages du gouvernement devront prendre en compte l'immédiat – le renforcement de

1. Voir Pierre Servent, *Les Sept Vies d'Adrien Conus*, Paris, Perrin, 2022.

capacités trop souvent réduites ou absentes –, et les efforts d'innovations technologiques pour demain.

Au cours de ces dernières décennies, l'auteur a souvent entendu les militaires se plaindre d'attendre trop longtemps la dotation de matériels nouveaux, toujours en trop petit nombre et, souvent, trop complexes par rapport à l'usage attendu. Le dialogue politique-utilisateur-DGA-industriel doit être renforcé et assoupli. Loin de critiquer la haute technologie, indispensable pour peser sur le champ de bataille, les grands commandeurs, que j'ai rencontrés, exprimaient souvent le souhait d'obtenir plus vite des outils plus rustiques mais en plus grand nombre. Et surtout que l'on écoute un peu plus l'expression de leur besoin basique et non l'envie, louable, d'un ingénieur polytechnicien, de créer un outil qui « fasse papa-maman » (qui fasse tout et son contraire).

Sont mis en cause, justement, les polytechniciens ingénieurs de l'armement qui ont la haute main sur la DGA. L'idée n'est pas d'opposer les uns et les autres car, dans le combat qui s'annonce pour s'adapter à la nouvelle donne, la France a besoin de tous ses talents : les hyperconceptuels avec leurs remarquables arborescences intellectuelles et leur capacité à penser l'avenir, et les hommes de terrain avec leur sens aigu du pragmatisme et de l'opérationnel. La ministre des Armées, Florence Parly (2017-2022), a beaucoup travaillé à fluidifier les relations entre les différents acteurs dans ce domaine en créant une agence pour l'innovation. Les choses avaient commencé à bouger dans le bon sens avant février 2022. Il faut maintenant passer la vitesse supérieure.

À l'été 2022, le patron de la DGA a changé : normalien et spécialiste de biomathématique, Emmanuel Chiva était auparavant l'ancien directeur de l'agence de l'innovation de la défense. Un symbole heureux et une brèche dans le monopole des ingénieurs de l'armement[1], même si le précédent DGA n'avait pas démérité, notamment en multipliant les efforts pour doper la coopération franco-allemande. À charge pour Emmanuel Chiva de mettre la puissance industrielle sous tension, en prenant en compte sinon un *état de guerre* au moins un *esprit de guerre*. Ce que nous nommons l'esprit de Bir Hakeim : imagination, bon sens, décentralisation du commandement (du management), coopération, débureaucratisation, expérimentation, *crash programs* (programmes en urgence sur de petites séries, souvent pratiqués par les forces spéciales)… Bref, il faut tourner le dos aux usines à gaz et faire intelligent et pragmatique. Une petite révolution pour certains dans l'appareil d'État. Les Français ne sont jamais aussi bons et imaginatifs que quand ils sont sous pression.

1. Dans cet esprit, déjà en 1993, Pierre Joxe, ministre de la Défense, avait rompu avec l'habitude ancrée selon laquelle le conseiller armement du ministre venait automatiquement du corps des X-armement. Il avait choisi l'ingénieur du corps des Mines, Luc Oursel, devenu plus tard le patron du groupe Areva.

Conclusion

> « La guerre, c'est quand l'histoire se remet en marche. »
>
> Régis Debray,
> *Des musées aux missiles*, Gallimard

On ne peut complètement écarter l'idée selon laquelle nous serions à un souffle (de bombe) de la Troisième Guerre mondiale. Certes, personne ne la veut, pas plus Vladimir Poutine que Xi Jinping. Encore moins les Européens et les Américains. Et pourtant… L'histoire n'est pas une matrice à répétition, même si l'on dit qu'il lui arrive de balbutier, mais, à l'été 1914, personne dans les chancelleries européennes ne voulait ou n'imaginait même que soit possible un conflit mondial à cause de l'assassinat d'un obscur archiduc austro-hongrois, potentiellement héritier de la double couronne, dans une ville de Bosnie-Herzégovine.

Certes, il y a plus qu'un monde qui sépare ce siècle du nôtre. Toutefois, au début du conflit ukrainien, les débris d'un drone de combat se sont écrasés en Croatie. Heureusement, sans toucher d'habitations ni faire de blessés. Personne ne l'a revendiqué, et à ce jour on ne sait pas à quelle armée il appartenait. Que se passerait-il demain si ce type d'« accident » se répétait sur une école en Lituanie ou en Pologne, et que le drone soit clairement identifié comme russe ? Comment réagirait le Kremlin à l'introduction d'avions de combat occidentaux pilotés par des Ukrainiens formés à l'Ouest, faisant basculer le conflit dans une autre dimension ?

Les points de friction sont nombreux, y compris en mer Méditerranée où les postures inamicales de la marine russe contre les Occidentaux sont fréquentes, comme les intrusions dans l'espace aérien européen des avions de combat de Moscou. Cela n'a rien de nouveau (les Russes le font depuis des années) mais dans le contexte actuel de guerre, le moindre incident ou accrochage pourrait dégénérer. On constate les mêmes tensions récurrentes en mer de Chine méridionale entre les forces de la république populaire de Chine et l'armée de l'air américaine. Les avions de patrouille maritime Poseidon de l'US Air Force, qui refusent légitimement de s'incliner devant les zones d'exclusion décrétées unilatéralement par Pékin, sont parfois « illuminés » (visés) par les radars de conduite de tir des bases navales chinoises implantées dans cette zone stratégique. Ici encore, rien de nouveau dans ces postures dites « inamicales ». Mais les très vives tensions qui demeurent dans le détroit de Formose (Taïwan) créent une potentielle caisse de résonance au moindre dérapage. Trop d'armements modernes sont concentrés dans des surfaces relativement réduites pour ne pas inquiéter. Le passage de l'inamical au franchement hostile pourrait se faire sur un diabolique enchaînement d'événements mal maîtrisés. On revient à cette notion de terrible « malentendu » évoqué plus haut par le secrétaire général de l'ONU.

Heureusement, depuis le télégramme et le câble du début du XXe siècle, le monde diplomatique et militaire a progressé. Les communications à haut niveau entre les assaillants et les soutiens de l'Ukraine se sont raréfiées depuis la découverte des exactions commises par l'armée russe dans le nord du pays (mars 2022) mais elles fonctionnent toujours. Elles peuvent être réactivées à tout moment. La ligne directe entre Washington et Moscou, établie en 1963 après la crise des missiles nucléaires de Cuba, existe encore. Il n'y a plus de « téléphone rouge » mais une messagerie électronique ultra-sécurisée entre le haut état-major russe et le centre de commandement opérationnel du Pentagone. Les chefs d'État peuvent également se parler à n'importe quelle heure du jour et de la nuit en vidéo-conférence protégée. Les militaires, qui, plus que tout autre, savent le prix de la vie et de la mort, veillent à réduire les marges de manœuvre du « malentendu ». Sera-ce suffisant ? Au détour d'une conversation, devant moi, un ministre régalien lâche : « Le risque, c'est la connerie de trop ! »

La guerre en Ukraine est loin d'être achevée mais stupeur et tremblements ont déjà empli l'espace mondial de leurs remugles. Ce conflit va durer longtemps, sauf surprises stratégiques : brusque effondrement de l'armée russe, utilisation d'armes de destruction massive, révolte populaire contre la mobilisation des régions les plus pauvres de la Fédération de Russie, coup d'État à Moscou… J'ai entendu un diplomate français de haut rang résumer parfaitement la situation militaire sur le terrain : « Les deux pays sont à bout… mais ils ne sont pas au bout. » Au ministère de la Défense, on s'inquiète : « L'armée russe est un vérin hydraulique lent mais qui broie inexorablement. » Plus nuancée, une autre source française ajoute : « Elle a de plus en plus de mal à se régénérer malgré la profondeur stratégique du pays. Le conflit ne va pas cesser de faire du *stop and go*, en fonction des capacités des uns et des autres à se réapprovisionner et à se recompléter. Les soldats ukrainiens formés à l'Ouest apprennent vite sur les matériels modernes des Européens ou des Américains. » Vladimir Poutine dispose encore de cartes dans ses manches.

Ukrainiens et Russes sont engagés dans un conflit dont on voit mal où pourrait se situer le point victorieux pour les uns ou pour les autres. Les forces du tsar ravagent leur voisin et occupent environ 18 % du territoire, contre 8 % au début de la guerre. Moscou ne les rendra jamais : elle les a artificiellement et illégalement incorporés à la mère patrie pour en rendre l'absorption irréversible. Plusieurs centaines de milliers d'Ukrainiens ont été déplacés en Russie, *nolens, volens.* L'empire des tsars et celui de Staline ont toujours pratiqué ces transferts de population pour russifier ce qui ne l'était pas. Vladimir Ier ne déroge pas à la règle. La russification s'étend donc partout où le Kremlin domine (annexion, remise de passeports russes, administration, enseignement, campagne de publicité…) : il ne s'agit ni plus ni moins que viser une assimilation complète.

La conquête du port stratégique d'Odessa demeure bien présente dans la tête de Vladimir, même s'il n'en a pas aujourd'hui les moyens. Ses alliés chinois, iraniens et turcs vont-ils l'aider à reconstruire son outil de prédation ? Cette perspective semble vérifiée uniquement pour l'Iran (qui fournit des drones). En revanche, au sommet de Samarcande (Ouzbékistan), en septembre 2022, le président russe a paru un peu seul sur la photographie de famille de l'Organisation de Coopération de Shanghai (OCS), patronnée par Pékin. On l'a fait attendre. Il n'a eu droit à aucun traitement de faveur. L'Inde lui a demandé de mettre un terme à la guerre, tout comme la Turquie. La Chine, quant à elle, a multiplié les déclarations d'amitié… mais sans grandes preuves concrètes. Elle ne cesse de répéter qu'il faut respecter les frontières et la souveraineté (notamment lors de l'Assemblée générale de l'ONU à la fin de l'été

2022). Le fait que la Corée du nord renonce finalement à livrer des obus et des munitions à Moscou a été interprété comme une pression indirecte de Pékin pour que Poutine trouve une issue rapide à la guerre d'Ukraine. Un peu dur d'oreille, celui-ci a déclenché des référendums « soviétiques » et la mobilisation partielle de civils, tout en menaçant implicitement une fois de plus d'utiliser l'arme nucléaire pour défendre son « bien ». Bluff ou réalité ? Jusqu'à quand pourra-t-il poursuivre sa fuite en avant sans en payer le prix personnel ?

À ce jour, il n'y a absolument aucune carte diplomatique sur la table, seulement des armes. L'apport d'armements venus de l'Occident, notamment les pièces d'artillerie à longue distance et haute précision, les missiles antiradar, les véhicules blindés de combat d'infanterie et les hélicoptères compliquent sérieusement la manœuvre russe et sa logistique. Alors que les forces ukrainiennes ne cessent de monter en gamme (armement occidental, renseignement, sabotage, mobilité, décentralisation du commandement, intoxication de l'ennemi[1]), l'armée russe semble avoir concentré dans ses veines le pire de l'héritage soviétique : inertie, apathie, routine, mensonge, rigidité et sous-équipement. Plus le corps russe se disloque, plus celui des Ukrainiens se muscle.

1. Les Ukrainiens ont fait croire aux Russes que leur offensive majeure aurait lieu dans le sud, tandis qu'ils massaient des forces au nord.

À la guerre, la victoire va à la victoire. Et elle n'est plus du côté du Kremlin. La guerre n'est pas encore terminée mais après plus de sept mois de combat, je serais tenté de faire le pari d'un effondrement militaire russe programmé. À la mi-septembre 2022, l'enfoncement fulgurant des lignes russes dans la région de Kharkiv, la débandade des médiocres unités qui s'y trouvaient pourraient en être le prélude. L'injection massive de 300 000 hommes enrôlés de force ne changera rien à l'affaire. Bien au contraire, cela risque de ne faire qu'aggraver le problème. Quel peut être le moral d'une troupe mal recrutée, mal entraînée, mal équipée, mal considérée contre laquelle la Douma (Parlement) a pris préventivement des mesures drastiques en cas de désertion ou de vols de matériels… Quelle confiance ! Malgré son estomac d'acier, le régime Poutine pourrait-il s'étouffer de tant de mensonges et de faux-semblants ?

Le Kremlin doit faire face de plus en plus à une autre difficulté, qui, elle, n'est pas hypothétique. La résistance à l'occupant s'organise dans les territoires ukrainiens en cours de russification forcée : se multiplient les attentats contre les collaborateurs, le recueil du renseignement, les sabotages, les actions d'influence (affiches, tracts). Une guerre dans la guerre est en train de naître dans un pays où les partisans ukrainiens, lors de la Seconde Guerre mondiale, ont infligé à l'occupant nazi des coups très durs. Ces opérations de déstabilisation vont d'autant plus empoisonner la vie du corps d'occupation que les forces russes sont chichement comptées. Conquérir, c'est une chose : occuper, tenir et administrer en est une autre. Déjà, au début de la guerre, des unités de la Garde nationale russe – dont le travail est justement de sécuriser des territoires en sortie de guerre – avaient refusé de servir en Ukraine. Ils ont fait valoir une sorte de droit de retrait[1] face à ce qui ressemble un peu trop à leurs yeux à une « guerre » qui ne dit pas son nom (ils ne sont pas formés pour cela).

Cette guerre de l'ombre implique également les services secrets des deux pays, les uns tentant parfois de leurrer les autres. Ainsi, de faux groupes de partisans ont été organisés dans les républiques sécessionnistes (Lougansk et Donetsk) par le FSB russe avec des collaborateurs pro-russes fournissant de faux renseignements à l'état-major ukrainien. Objectif : les conduire à bombarder des cibles présentées comme « militaires » alors qu'il s'agit d'immeubles d'habitations ou d'écoles. Une unité spéciale ukrainienne, armée de drones de reconnaissance, vérifie systématiquement ce type d'information pour éviter des « bavures » qui seraient immédiatement exploitées par Moscou[2].

---

1. Le 25 mai 2022, 115 soldats de la Garde nationale ont été licenciés par un tribunal russe de la région de Kabardino-Balkarie pour « avoir arbitrairement refusé d'accomplir une *mission officielle* [souligné par l'auteur] et [être] partis de leur propre initiative vers un lieu d'affectation permanent ». Comme on le voit, il n'est pas question de « désertion » car il n'y a pas officiellement de guerre.

2. Information recueillie par l'auteur auprès d'un combattant français des brigades internationales ukrainiennes, spécialiste de drone.

Le territoire russe n'est pas épargné par ces opérations secrètes, que ce soit en Crimée (territoire ukrainien annexé) ou dans les régions de Rostov-sur-le-Don et de Belgorod. Les explosions s'y multiplient : dépôts de munitions, nœuds ferroviaires, bases aériennes, stockages de carburant. Pour ne pas perdre la face, Moscou invoque des « accidents », comme pour le *Moskva*. Mais cela ressemble fort à des opérations spéciales des services secrets et des forces spéciales ukrainiennes. La proximité des deux pays, la langue commune, l'implication croissante en Russie des services secrets de Kiev depuis 2014 (l'inverse est vrai pour les services russes) expliquent cette friabilité russe.

À un moment ou à un autre, Vladimir Poutine pourrait-il changer de braquet, rompre avec son narratif surréaliste sur l'opération spéciale ? Dans le brouillard de cette guerre, une certitude demeure : malgré les difficultés sur le terrain, les objectifs stratégiques du Kremlin demeurent inchangés. Vladimir Poutine entend toujours punir l'Ukraine d'avoir voulu échapper à son emprise. Il s'agit donc de l'amputer durablement (annexions), de la vider de ses forces vives, soit par la destruction (frappes sur les voies de transport, les silos à grain, les sites énergétiques, les infrastructures d'État, les villes, etc.) soit par le vol pur et simple (comme, par exemple, avec la centrale de Zaporijia devenue « juridiquement » russe à l'automne 2022). Pour rendre l'Ukraine complètement exsangue, le maître du chaos veut poursuivre sa politique consistant à la couper de tous ses accès aux mers : la mer d'Azov, hier, la mer Noire, demain. On peut estimer que la jonction avec la Transnistrie (territoire occupé en Moldavie avec la présence de 1 500 soldats russes) est également une constante dans son esprit s'il parvenait à prendre la ville portuaire d'Odessa, ce qu'il n'est pas en mesure de faire aujourd'hui. Mais cela ne l'arrêtera pas... Le tsar ne lâchera rien tant que son trône ne se dérobera pas sous ses pieds.

Il lui reste d'ailleurs dans les manches un certain nombre de cartes biseautées : il peut mobiliser des tranches supplémentaires de soldats (jusqu'à un million d'hommes), déclarer officiellement la guerre à l'Ukraine en faisant jouer la fiction du « territoire russe » attaqué par les forces de Kiev (petite musique entendue dans les médias à la botte du Kremlin après les défaites à répétition du début de l'automne 2022), relancer des offensives au printemps 2023, une fois son armée consolidée par les nouvelles recrues mises en lignes (y compris à partir de la Biélorussie[1]), jouer indirectement du chimique (explosion de stocks de nitrate d'ammonium utilisés pour les engrais), s'en prendre secrètement à des infrastructures vitales de l'Occident (câbles sous-marins Internet, gazoducs en fonction…). Enfin, il pourrait vouloir jouer l'affaire...

---

1. La Russie a installé en Biélorussie, au début du mois d'octobre 2022, des camps d'entraînement susceptibles d'accueillir 150 000 soldats sur les 300 000 « réservistes » récemment mobilisés. Une fois formés, ils seraient à pied d'œuvre pour lancer une nouvelle attaque par le nord (région de Kiev).

à l'ancienne. Si tous les observateurs attentifs et bien informés s'accordent à considérer que le potentiel militaire russe le plus moderne a été très sérieusement détruit au bout de plus de deux-cent-vingt jours de guerre, et qu'il est irremplaçable à cause des sanctions, la profondeur des poches de la capote russe reste abyssale, selon les services de renseignement occidentaux. Certes, on n'y trouve que des vieilleries du temps du Pacte de Varsovie mais le calcul de Moscou pourrait être assez basique : la masse d'un million de poitrines, même armées de ces vieilleries, ne pourrait-elle pas venir à bout de la « box ukrainienne », même sponsorisée par les Occidentaux ? Le rêve fou de Poutine serait alors de rejouer l'air de la Grande guerre patriotique contre les nazis en déversant sur les forces ukrainiennes des tombereaux de corps pour les étouffer. Toutefois, des questions demeurent. Ce genre de *remake* à deux roubles est-il encore d'actualité de nos jours malgré le matraquage de la propagande d'État ? Ces « masses » se laisseraient-elles aussi facilement manipuler alors qu'aucune menace vitale ne plane sur la Russie ? Que diraient les mères de ces soldats sacrifiés pour satisfaire le délire du nouveau Tsar ?

Quels que soient les prolongements de ce conflit dans le temps, les contours des défis immédiats pour les Européens et les Américains se dessinent de façon assez claire. Il va falloir entrer en révolution, celle des « six C » : caractère, cohésion, collaboratif, créativité, climat, connaissance.

Le caractère a toujours été, pour le général de Gaulle, la marque du chef, assorti, à ses yeux, d'une nécessaire distance. Il va falloir de moins en moins de gestionnaires à la tête des États et de plus en plus de chefs. On peut considérer que les premiers mois de la guerre donnent plutôt un *satisfecit* dans ce domaine aux démocraties. Mais il faudra tenir dans la durée et se guérir de certains travers pour être à la hauteur de l'Histoire en marche. Dans son remarquable roman, *Le Mage du Kremlin*[1], Giuliano da Empoli nous aide par la fiction à regarder des réalités parfois cruelles. Son personnage principal, Baranov, ancien conseiller de Poutine dans le livre, donne cette analyse : « En Occident, vos gouvernements sont comme des ados, ils ne peuvent rester seuls, ils cherchent toujours un regard qui se pose sur eux, on a l'impression que s'ils étaient obligés de passer une journée dans une chambre, sans compagnie, ils se dissoudraient dans l'air comme un souffle de vent tiède. Notre tsar, au contraire, vit dans la solitude et s'en nourrit. C'est dans le recueillement qu'il accumule la force qui surprend tant vos observateurs. Avec le temps, il est devenu un élément, comme le ciel ou le vent. Vous avez oublié ce que signifie vivre en adulte, planté dans la réalité. Vous pensez qu'un chef est une espèce d'animateur, vous voulez des chefs qui vous ressemblent, qui soient à votre niveau. La distance préserve l'autorité. »

La cohésion, tout particulièrement au sein de l'UE, est une option de survie pour le groupe. Poutine le sait

1. Giuliano da Empoli, *Le Mage du Kremlin,* Paris, Gallimard, 2022.

et cherche depuis longtemps à introduire le sel corrosif de la discorde chez son « ennemi ». Groupée, l'Europe constitue une puissance économique, démographique, politique de premier plan. Il faut qu'elle le reste et qu'elle adopte les attributs de Mars en plus de ceux d'Hermès.

Le collaboratif est l'arme majeure des démocraties ouvertes. C'est un mode de comportement complètement intégré par la jeunesse occidentale et par celle qui subit malheureusement le joug des régimes dictatoriaux. On le voit à l'œuvre tout particulièrement en Iran dans la contestation de la jeunesse du régime impitoyable des Mollahs qui tirent à vue. Il constitue une force considérable et dame le pion aux régimes autocratiques qui ne peuvent le supporter car il est fondé sur la liberté. Le civil et le militaire doivent en faire leur colonne vertébrale (ce qui est déjà très largement le cas).

Ce collaboratif est en outre le meilleur gage de créativité. Face au retour de la guerre et de l'envie générale d'en découdre, il va falloir inventer des chemins nouveaux. Ici encore, les démocraties sont les mieux armées pour y parvenir, à condition d'avoir foi en leur système de pensée.

Ces voies nouvelles seront indispensables de plus pour amorcer une véritable révolution climatique. Pour cela, il faut prendre l'actuelle crise énergétique comme une opportunité. La Russie nous force à la cohésion et à la créativité dans ce domaine[1]. Le thème de la « sobriété » ne

1. D'autant plus que les périodes de grande sécheresse dans le monde renforcent de très vives tensions sur la question de l'accès et de la maîtrise de l'eau. Voir « Le monde face au spectre des guerres de l'eau », *Le Figaro*, 19 août 2022.

sera d'ailleurs pas suffisant dans le temps. Ce sont toutes nos habitudes qu'il va falloir revoir courageusement.

Enfin, il faut lutter pied à pied sur le terrain de la connaissance, de plus en plus contrebattue par la croyance. Contrairement aux sottises que l'on entend ici ou là, tout ne se vaut pas. Les crimes de guerre voulus, assumés, répétés de la Russie ne sont pas à mettre sur le même plan que les erreurs commises par les forces ukrainiennes, contraintes de se battre dans leurs villes. Le contrôle exercé par les médias et les parlements, celui des ONG, n'ont strictement rien à voir selon que l'on vit en démocratie ou en autocratie. Les règles d'engagement du feu pour les armées des premières sont sans équivalent du côté des secondes.

Cette guerre d'Ukraine est la nôtre, même si nous ne sommes pas en guerre contre la Russie. Laisser dépecer l'Ukraine sans broncher serait un crime contre nos valeurs et la marque d'un aveuglement dangereux. L'Histoire n'est pas une mécanique qui, une fois démontée, nous permettrait de prévoir l'avenir et de ne pas commettre les erreurs de nos pairs. Néanmoins, elle constitue une aide à la décision.

En 1925, le capitaine de Gaulle a été intégré, par protection[1], dans le cabinet de son mentor, le maréchal Philippe Pétain. Il est sa plume. Le maître prépare son entrée à l'Académie française et il n'a jamais rien produit de consistant. Le style de De Gaulle convient parfaitement

1. Il est sorti mal classé de l'École de guerre.

à son chef. Le jeune officier aborde la période de la Révolution et écrit : les généraux de la Révolution « perdent le prestige, souvent la vie, parfois l'honneur ». Philippe Pétain retouche très rarement la copie de son officier de plume ; toutefois, ce jour-là, la copie revient légèrement amendée : les généraux de la Révolution « perdent le prestige, parfois l'honneur, souvent la vie ». Si de Gaulle n'avait pas déjà été de Gaulle, les choses se seraient arrêtées là mais le jeune capitaine est têtu. Il insiste en faisant *respectueusement remarquer* au vieux maréchal qu'on ne saurait retoucher une gradation voulue qui fait passer l'honneur avant la vie[1].

Toute la querelle violente entre ces deux hommes, autrefois très proches, durant la Seconde Guerre mondiale tient à ce point de préséance sémantique. Le sens de l'honneur pour de Gaulle, quand il s'agit de la France, prime sur tout. Et c'est fort de cette conviction qu'il a montré à ses contemporains, dans le brouillard le plus épais de la défaite, le sens du devoir et qu'il nous a légué la possibilité de ne pas nous détester pour nous être soumis aux nazis de 1940 à 1944. Pétain a fait le choix de la vie. Lui, héros incontestable de la Grande Guerre, a brouillé les yeux de ses contemporains. Il s'est laissé aller à la plus effroyable des collaborations, en promettant aux Français de ne pas souffrir, en tout cas pas trop.

Le choix actuel nous semble de même nature : de peur d'avoir froid l'hiver prochain, de voir notre portefeuille

1. Pierre Servent, *De Gaulle et Pétain*, Paris, Perrin, 2020.

atteint par ricochet, par souci de se préserver avant tout, allons-nous déserter le champ de l'honneur ? Celui-ci nous invite à soutenir l'Ukraine par tous les moyens et à nous préparer aux choix du futur. Oui, de Gaulle avait raison et il reste dans les périodes de ténèbres un extraordinaire fanal. Ceux qui dans les débats se réclament de lui pour soutenir Moscou devraient mieux l'étudier. Quand il s'agit de souveraineté menacée, l'honneur commande de se battre (en l'occurrence ce sont les Ukrainiens qui le font pour nous), quelles que soient les répercussions pour son portefeuille… Et cela introduit un avant-dernier « C » à notre liste, celui de citoyenneté. Allons-nous réinvestir cette dimension pour agir, faire corps, ou rester scotchés le nez sur le prix du litre d'essence et le coût de la vie ?

Mais sans doute faut-il ajouter un dernier « C », au risque de nous faire accuser d'esprit de système : le courage. Nous tremblons déjà face au molosse russe. Il le sent et cela attise sa rage de carnassier. La guerre se gagne par les armes, mais aussi, surtout, par la confrontation des esprits et des volontés. Il n'y a aucune fatalité dans la domination de la barbarie et de la tyrannie. Il faut conserver cette âme de paix qui est notre bel héritage européen, après deux guerres mondiales dévastatrices, tout en nous préparant à la guerre. La figure du général de Gaulle n'a jamais été aussi utile pour aider à trouver le cap. Le renoncement et la lâcheté ne sont pas des options quand on est français.

Remerciements

Un très grand merci à Sophie Charvanel, directrice générale des éditions Robert Laffont, pour sa confiance et pour les échanges stimulants qui ont précédé l'écriture de ce nouveau livre. J'associe chaleureusement à ces remerciements Céline Poiteaux pour avoir été dans cette boucle avec un œil vigilant sur ma copie.

Toute ma reconnaissance va également à Claire Le Ho-Devianne pour sa relecture rigoureuse, éclairée et stimulante du manuscrit originel. Sa qualité intrinsèque en a été, une nouvelle fois, grandement augmentée grâce à ses nombreuses remarques judicieuses.

Je remercie aussi toutes les personnes, civiles et militaires, avec qui j'ai échangé en grande confiance sur la thématique dense et complexe de cet ouvrage.

Enfin, ma reconnaissance pleine d'amour va à mon épouse, Sophie, qui a soutenu un mari écrivain une nouvelle fois en immersion profonde dans les eaux tumultueuses de l'actualité.

Table des matières

Partie 2
Le grand retour du clan purifié

Partie 3
La dérive des continents

DU MÊME AUTEUR *(suite)*

Les Guerres modernes racontées aux civils... et aux militaires, Paris, Buchet-Chastel, 2009 (prix d'Estienne d'Orves ; prix spécial de la Gendarmerie ; prix des Écrivains combattants).

La Trahison des médias, Paris, François Bourin, 2007.

L'Europe de Yalta à Maastricht, avec Patrick Eveno, Paris, Le Monde éditions, 1994.

Le Travail parlementaire sous la Ve République, avec Jean-Pierre Camby, Paris, Montchrestien, 1993.

Le Mythe Pétain. Verdun ou les tranchées de la mémoire, Paris, Payot, 1992, CNRS, 2015.

La Force de convaincre, entretiens avec Philippe Séguin, Paris, Payot, 1990.

Œdipe à Matignon ou le complexe du Premier ministre, Paris, Balland, 1988.

OUVRAGES COLLECTIFS

Le Siècle de sang : 1914-2014, en codirection avec Emmanuel Hecht, Paris, Perrin, 2014.

« Pétain-de Gaulle », in *Les Grands Duels qui ont fait la France,* Paris, Perrin, 2014.

Quelle politique de défense pour la France ?, Paris, L'Harmattan, 2007.

Vauban : la guerre, la gloire. 1707-2007, Cahiers d'études et de recherches du musée de l'Armée (CERMA), 2007.

Imprimé en France par CPI
en février 2023

édition pré-presse
livres numériques
44400 Rezé

Pour plus d'information :
www.lisez.com
Imprimé sur du papier issu de forêts gérées durablement.

N° d'édition : 65641/10 – N° d'impression : 2070288